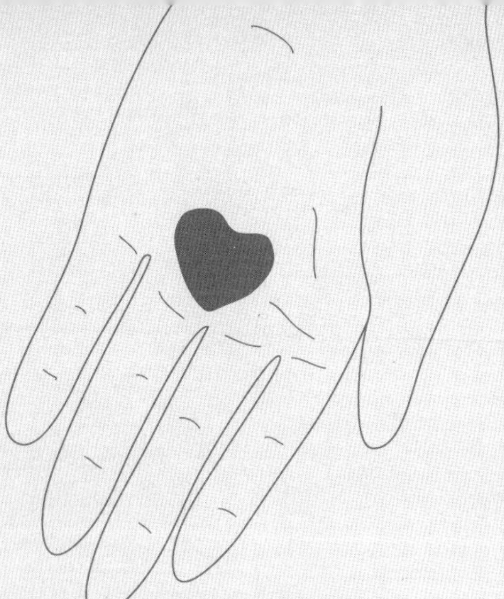

一行禪師
Thich Nhat Hanh

活在正念的愛裡

從慈悲喜捨的練習中，
學會愛自己也愛他人。

Teachings on Love

目錄

【校訂者序】

諦觀真愛

鄭振煌

眾生苦多樂少，這是不爭的事實。因此，不論古今中外，人類一切活動均以「離苦得樂」爲最高目標。有智慧者，能夠確實拔除苦因，永離痛苦；沒有智慧者，猶如揚湯止沸，出獄無期。

佛法以慈悲與智慧爲二大支柱。慈是予樂，悲是拔苦；智慧則是徹悟人生眞相是無常、苦、無我，其中心議題都是「苦」。佛在初轉法輪時所開示的苦集滅道四聖諦，便是闡釋苦的情況、苦的原因、苦的息滅、苦的息滅之道。

原始佛教強調慈悲喜捨的修行，大乘佛教更擴大爲六度萬行的實踐，都是以愛心爲出發點。利他的語言和行爲，若無愛心的涵養，必然會有「自我」的雜染，因此慈善事業的推動，首重愛心的培育，愛心的能量強大而清淨，社會公益才有希望做得圓滿。

在佛教的詞彙中，「愛」被界定爲一種無明的欲貪，是生死輪迴的根本。佛教認爲無緣大慈、同體大悲才是空性智慧的表現，所以佛教只談慈悲，不作興談愛。儘管如此，這是名詞的習慣性用法。跳脫語言文字的迷障，用大家所習慣的「愛」這個字，來象徵佛教的「慈」應該也是無可厚非。

本書作者一行禪師是當今佛教界的龍象，是詩人，是禪師，是和平運動者，是著作等身的名作家。他的著作以多種文字暢銷全球，筆觸帶感情，溫柔敦厚，富於想像力，觀察細膩，析理清晰，禪機無限。讀他的書，就好像在聽一位鄰居長者敘說心事，沒有說教，沒有責備，只有關懷，只有鼓勵，窩心得會令人向他撒嬌。

本書呈現一代大師修行的心得精華，全書共分十四章，從慈悲喜捨談到愛的修行，一方面引用佛經上的話，一方面就日常生活的例子做說明。作者擅長古書今說，更因爲常年居住在西方國家，指導禪修，所以能扣緊現代社會的脈動，體察人心，鞭辟入裡。

佛法本來是不離世間法的，在人世間落實佛法，才是釋迦牟尼設教的本懷。本書可以當作慈悲喜捨四無量心的修行指南，是從事公益人士的必備工夫，更是每一個人修身養性的作家手冊。它可以使您的身心柔軟，當下成爲菩薩道的圓滿行者。

【中文版作者序】

慈悲喜捨

一行禪師

華人佛教徒向來崇敬觀世音菩薩。他們都知道，佛經中做基本的教義是「相即是入」。本書教導我們，如何藉由那分了悟來實踐愛。愛，可能會變成仇恨、憤怒；然而，憤怒或仇恨也可以被轉變爲愛。愛與仇恨，都是有機的。若要以眞愛來愛，則必須要知道如何理解並對待我們的憤怒，更要知道如何對待、轉變我們的憤怒與仇恨。在書中，介紹了幾個佛陀提供的善巧。

有些人不敢去愛，因爲愛會使他們受苦。佛陀的教導說，有一種愛，不但不會使我們受苦，也不會使我們所愛的人受苦。那種愛是由四元素組成的：慈、悲、喜、捨。在培育這四物質過程中，愛，會每天不斷地昇華，爲我們、我們周遭的人，帶來可觀的喜悅和快樂。我們都有能力去愛、去感到快樂。我們不需要成佛和證阿羅漢以後，才開始那麼樣地去愛。

這本書原本是寫給西方讀者的，在西方，這本書得到許多熱情的回應。亞洲有許多年輕人在生活和思考上，日復一日地西化。因此，我們認為，將這本書翻印為中文的時機已到。

本書的中文版譯者鄭維儀小姐，年紀雖輕，卻已在西方居住求學了多年。她講著年輕人的話，可以與她同輩的人溝通無礙。本書的翻譯，有愛，有信心。我深信，許多華人，年輕的也好，不怎樣年輕也好，都會喜歡本書的中文版，並從這本書籍大慈大悲世尊的教導中，獲益匪淺。

寫於法國梅村禪修中心的靜坐廬

1

四無量心

一行禪師和孩子在一起

唯有眞愛，才有快樂。眞愛有療癒及轉變周遭環境的力量。爲生命帶來深刻的意義。有些人理解眞愛的本性，以及怎樣去孕生、滋育眞愛。佛陀對愛的教導是既清楚又科學又不難實踐，我們每一個人都可以從這些教導中受益匪淺。

佛陀時代，婆羅門教信徒祈禱在死後能夠升到天堂，與婆羅門——宇宙之神，共享永生。有一天，一名婆羅門教男子問佛陀：「我要怎樣才能確定在我死後，能與婆羅門同在？」佛陀回答：「婆羅門是愛之源，想與婆羅門同在，你就要實踐四梵住——慈無量、悲無量、喜無量和捨無量。」梵住的意思是住所或宅第。在梵文裡，慈是 maitri；在巴利文，慈是 metta。在兩種語言裡，悲都是 karuna，喜叫 mudita。捨在梵文裡是 upeksha，在巴利文是 upekkha。四梵住是眞愛的四元素。如果你能實踐它們，它們就會在你身上每天不斷地成長，直到能擁抱這世界爲止，因此這四元素是「無量」。你會變得更快樂，圍繞在你周遭的人也會變得更快樂。

佛陀尊重人們實踐自己信仰的渴望，所以，他用能夠鼓舞這名婆羅門教男子的話來回答。如果你喜歡靜坐，那你就修行靜坐。如果你喜歡行禪，那你就修行行禪。要緊的是，要能保留你的猶太教、基督教或伊斯蘭教的根。這是延續佛陀精神的方法。如果你切斷你的根，你會快樂不起來。

二世紀的佛學家龍樹說：

> 行慈無量，熄眾生心中的憤怒。行悲無量，熄眾生心中一切憂鬱和焦慮。行喜無量，熄眾生心中的悲傷和無歡。行捨無量，熄眾生心中的仇恨、厭惡和執著。

若是我們學會修行慈無量、悲無量、喜無量和捨無量，我們就會知道如何療癒由憤怒、憂鬱、不安全感、悲傷、寂寞和不健全執著所帶來的疾病。在《增支部經》裡，佛陀教導：「憤怒心起時，比丘不妨對帶來憤怒的那人，行慈無量、悲無量、喜無量和捨無量的禪觀。」

某些論師認爲，四梵住不是佛陀教誨的最高境界，不能了結苦難和苦惱。這樣說並不正確。有一次佛陀對他喜愛的侍者阿難尊者說：「將這四無量心教給年輕比丘，他們將會感到安全、堅強和喜悅，身心無苦惱。終其一生，有能力行純淨的比丘道。」又有一次，佛陀的弟子拜訪鄰近一個教派，那裡的出家人問：「我們聽說令師尊釋迦教導慈悲喜捨四無量心，我們的導師也是這樣教，這中間有什麼不一樣？」佛陀的弟子不知道怎麼回答，回去後，佛陀告訴他們：「行四無量心，又行七覺支、四聖諦及八正道者，可深得開悟。」慈悲喜捨是覺者的本性，也是眞愛的四層面，存在我們心中、每個人心中和每件事中。

慈（maitri）

眞愛的第一點是慈，是給予喜悅、快樂的意願和能力。要培養這能力，就要諦觀和諦聽，這樣我們將知道如何才會使別人快樂。慈，不是給你愛的人不需要的東西。你必須要明白他的情況，或明白你所提供的東西會不會給他不快樂。

在東南亞，有很多人嗜吃一種大大的、有刺的水果叫榴槤，你甚至可以說他們吃上癮了。榴槤的味道很強，有人吃完後還把皮放到床下，這樣他們就可以繼續聞這味道。對我而言，榴槤的味道卻是恐怖無比。有一天，我在越南的廟裡念經時，供桌上有一顆供佛的榴槤。我一邊敲著木魚和大磬，一邊念《法華經》，可是一點也沒辦法專心。終於，我把大磬抱到供桌上，翻過來，蓋住那顆榴槤。如果你跟我說：「師父，我很敬愛您，我想要請您吃榴槤。」我會苦不堪言。你敬愛我，你要我快樂，但你要我吃榴槤。這就是一個有愛而無理解的例子。你的用意是很好，但你沒有正確的理解。

沒有理解，你的愛就不是眞愛。你必須要有諦觀，去明白、去理解你所愛的人的需要、渴望及苦難。我們都需要愛。像空氣似的，愛很自然地爲我們帶來喜悅和幸福。我們被空氣愛著，我們需要新鮮的空氣來得到快樂和幸福。我們被樹木愛著，我們需要樹木來得到健康。要被愛，我們就要愛；換言之，就要去理解。要愛綿延，我們就要採取適當的行動或非行動來保護空氣、樹木和我們所愛的人。

maitri在英文可以譯爲love（愛）或loving kindness（慈愛）。有些佛學導師選擇用loving kindness（慈愛），因爲他們發現「愛」這個字太危險了。但我還是選擇用「愛」。字有時候會生病，需要醫治。長久以來，我們用「愛」這個字來指食欲或欲望，像是「我愛漢堡。」我們要更小心地用字。「愛」是個很美麗的字，我們要歸還它原本的意思。梵文的maitri（慈），源自mitra（朋友）。在佛教中，愛的最基本意義是友情。

在我們的心中，都有愛的種子。我們可以培養這美妙的能量之源，孕育那不求回饋的無條件之愛。當對某人有深刻的理解，即使那人曾傷害過我們，我們也會無法抗拒地要去愛他。釋迦牟尼佛授記，下一劫的佛是彌勒佛——愛之佛。

悲（karuna）

眞愛的第二點是悲，也就是舒緩和轉變苦難、減輕憂傷的意願和能力。在英文裡，悲通常被譯成 compassion，但這不完全正確。Compassion 是由 com（在一起）及 passion（受苦）組成。然而，我們不需要受苦才能解除他人的苦難。譬如說，醫生可以在不感染同樣的疾病下，減輕病人的痛苦。如果受的苦難太多，我們可能會崩潰，無力幫助。然而，在能夠找到更好的字眼前，我們還是用 compassion 這個字來做「悲」的英文翻譯。

要培養心中的悲，就要練習觀呼吸、諦聽和諦觀。《法華經》形容觀世音菩薩「慈眼視眾生，諦聽世間苦」。悲，是帶有深刻關懷的。你知道某人苦不堪言，所以你緊緊地坐到他旁邊，深觀他、深聽他，以便感受他的苦楚。你和他有深刻的溝通和心靈交流，僅是如此，就可以替他帶來些許的安慰。

一個悲心的言語、行動或念頭，就可以減緩另一個人的苦難，帶給他喜悅。言語可以帶來安慰和自信，摧毀猜忌，幫助他人懸崖勒馬泯千仇，或是打開解脫的大門。行動可以救人命，或幫助他掌握千載難逢的機會。念頭也是如此，因爲緊跟著念頭的會是言語和行動。悲心，可以一言一行、一思一念都帶來奇蹟。

我初出家時，想不通爲什麼在這個處處苦難的世界裡，佛陀仍舊有著美麗的微笑。難道他不會受世間的苦難所干擾？後來，我發現佛陀有足夠的理解、冷靜和力量，因此苦難擊潰不倒他。因爲他知道怎樣去對付苦難，怎樣去轉變苦難，所以他有辦法對苦難微笑。我們要覺察苦難，但也要保持清醒、冷靜和力量。這樣我們才有辦法轉變情況。若有悲，淚水汪洋也淹沒不了我們。這就是爲什麼佛陀依然微笑。

喜（mudita）

眞愛的第三點是喜。眞愛總是替我們和我們所愛的人帶來喜。如果我們的愛無法替雙方帶來喜，就不是眞愛。

佛教論師認爲，快樂與身心有關，而喜只與心有關。有一個例子常常被提出來：跋涉沙漠的人，望見又清又涼的水，就喜上心頭。當他喝下水時，就感到快樂。「現法樂住」（Ditthadhamma sukhavihari）的意思是「當下處於快樂」。我們並不急著要趕到未來，我們知道每件事都在當下此刻。微不足道的小事也可以帶來無比的喜，譬如說覺知自己有雙好眼睛。只要睜開雙眼，就可以看見蔚藍的天、紫羅蘭、稚兒、樹木和許多多采多姿的東西。處於正念中，我們就可以接觸到這些令人嘆爲觀止、欣榮新奇的東西，喜悅之心會油然而生。喜中有快樂，快樂中有喜。

有些佛教論師說，梵文中的喜（mudita），意思是「憐憫的喜悅」（sympathetic joy）或是「利他主義的喜悅」（altruistic joy），換言之，喜是當他人快樂時，我們所感到的快樂。但，這種講法太狹隘了，且又在我和他之間做區別。喜的深層意義是充滿平和與滿足的喜悅。看到別人快樂時，我們會感到開心，但我們也會爲自己的幸福而感到開心。如果沒有辦法爲自己而喜，我們又怎麼替別人而喜呢？喜是爲了每一個人。

捨（upeksha）

眞愛的第四點是捨，意即是平等心、不執著、不分別、平常心或放下。Upa 的意思是「在……上面」，而 iksh 的意思是「看」。你要爬到山上去，這樣才能對全景一目了然，不會說有哪一個方向被擋住了。如果你的愛有執著、分別、偏見或依戀，這就不是眞愛。不理解佛法的人，有時候以爲捨是不關心，但眞正的捨既不是冷淡也不是不關心，如果你有一個以上的小孩，他們統統都是你的孩子。捨不是不愛，而是一視同仁、讓你所有的孩子都能感受到愛。

捨也被冠上「平等性智」的標籤，這是平等的智慧，對所有的人平淡看待，不分彼此。衝突起時，即使是與自己有極大關係，也要保持不偏不倚，能夠去愛、去理解雙方。放下分別和偏見，移開彼此之間的界線。只要還把自己當成愛人的人，把他人當成被愛的人，只要還把自己看得比他人重要或是跟他人有所不同，就不是眞的捨。想要理解和眞正愛一個人，便要把自己放到他的立場，與他成爲一體。做到這樣，就不會有「我」或「他」。

少了捨，你的愛可能變成霸佔。夏日微風清爽宜人，但若要把這微風關到錫罐中，自我獨享，微風便會逝去。我們的所愛也是如此，像雲朵，像微風，像花兒，若囚禁於錫罐，唯死而已。然而，很多人卻是如此，掠奪所愛的人的自由，直到他喪失自我。他們活著的目的是要滿足自己，利用所愛的人來幫助實現這個目的。這不是愛，這是毀滅。你說你愛他，可是如果你不理解他的渴望，他的需要，他的困難，他就被愛的監獄囚禁住了。眞愛容許你保留你的自由，也讓你所愛的人保有他的自由。這，就是捨。

* * * * *

要讓慈確實是眞慈，必須要有悲、喜、捨。要讓悲確實是眞悲，必須要有慈、喜、捨。眞喜必須要含有慈、悲、捨。而眞捨也要有慈、悲、喜才行。這是四無量心的互生性。當佛陀告訴那名婆羅門男子要修行四無量心時，他也是在給我們所有的人，上一堂很重要的課。然而，要將愛的這四點帶到我們的生命及我們所愛的人的生命中，我們必須要諦觀，並修行四無量心。

2

慈　觀

佛陀傳授給我們許多慈觀的法門。有一次，一群僧侶稟告佛陀說，他們叢林寺院附近有精靈作祟，造成許多困擾。佛陀於是對他們說了《慈經》：

想要獲得和平的人，必須正直、謙虛，懂得使用愛語；必須知道如何純樸而快樂地生活，心平氣和，不忮不求，不隨著大眾的情緒而起伏；不做智者所不贊同的事。（他應如是觀想）：

願眾生快樂安寧，滿心喜悅。

願眾生安全與和平，不論他們是脆弱或強健，高或矮，大或小，可見或不可見，近或遠，已出生或未出生。願他們住於寂靜涅槃。

願無人互相傷害，無人互相威脅。願無人因憤怒或惡意而詛咒他人。

我們應培育無邊的愛，奉獻給宇宙萬物，有如母親對獨生子女的愛語呵護一樣，渾然無我。讓我們無邊的愛瀰漫上、下、左右的全宇宙。我們的愛沒有障礙，我們的心了無仇恨與敵意。不論是行住坐臥，只要是醒著，就要在心中保持愛的正念。這是最高貴的生活啊。

修行無邊的愛的人啊，將超越生死，從邪見、貪婪、欲望中解脫，活在美麗裡，證得圓滿智慧。

在誦念並修行《慈經》幾個月以後，這些僧侶理解到那些不安的精靈所受到的苦難。結果，那些精靈也開始修行《慈經》，充滿愛的能量，森林也因此恢復了寧靜。

＊ ＊ ＊ ＊ ＊

佛陀也傳授了許多特殊的練習方法，幫助弟子修行與實踐四無量心：

若是你的心充滿著慈，便將慈送往第一個方向、第二個方向、第三個方向、第四個方向，然後往上送、往下送。接納一切，不帶仇恨、排斥、憤怒或敵意。慈之心何其大，它不可衡量地成長著，終將能擁抱全世界。也依此法修行悲心、喜心、捨心。

帶著慈心，比丘滲入了第一個方向、第二個方向、第三個方向、第四個方向、上、下、周遭、一切地方，接納一切。他帶著慈心滲透全世界，他的慈心寬廣無涯、孕育成熟、不受拘束、不帶仇恨或惡意。對悲心、喜心、捨心，也是如此修啊。

愛不僅是理想

如果愛的能量夠強，就可以把這股能量散送給十方的眾生。可是，我們千萬不要把慈觀當成僅僅是觀想而已，譬如說把愛觀想成音波、光波，或純潔的白雲，緩緩地散開籠罩全世界。眞正的雲會帶來雨水，聲與光無孔不入，我們的愛也需如此。與人相處時，必須觀察我們的愛心是否在場。坐著修行慈觀只是個開始。

但，這是個很重要的開始。我們安靜地坐著，諦觀自己。有了修行，愛會自然而然地增加，涵蘊一切，擁抱一切。在學著以愛來看世界的過程中，我們也在清除心中的憤怒與仇恨。只要這些負面的心態還在，我們的愛就不算完美。也許我們會以爲我們有辦法理解、接納他人，但我們還是沒有辦法全心意地去愛。龍樹說過：「修行慈無量心時，你一定要諦觀，以便面對憤怒和仇恨。」

在龍樹《大智度論》法文譯本的前介中，譯者拉默（Etienne Lamotte）寫道：「四無量心不過是柏拉圖式的理想而已。」不是能夠修行的。雖然，拉默教授是個了不起的譯作家，他對佛家修行卻所知不多。在希望眾生歡喜、平和的發願那刻，愛的能量也在我們的心中油然而生，愛將滲透我們所有的受想行識；事實上，它們變成愛。這不僅是「理想」而已。龍樹直截了當地說道：

當我們希望十方眾生歡喜時，慈的意願也油然而生。這股想要去愛的渴望浸入了我們的受想行識，在身口意中流露出來。自此以後，心色不相應行法（既不屬於心理也不屬於身體的世間有爲法），都會與慈相應，也因此可以被稱爲慈，因爲慈是其根源。這些心色不相應行法在如今充盈著慈的意志指揮下，決定我們未來的行爲。意志，是驅動我們一言一行的能量。悲喜捨的孕生也是如此。❶

正念是讓我們諦觀色受想行識的能量，進而看清楚眞正的需要，不致沉沒於苦海中。最終，我們的心念、意志將充盈著愛，由那刻起，我們的行動也都會流露出愛。言行是意志之業，因此，意志中若是瀰漫著愛，一言一行也充盈著愛。我們將只說愛語、正語，只做能帶來歡喜、解除苦難的事。

然而，在《大智度論》中的另外一段，龍樹卻說，四無量心僅是心願，只存在心念中。這種說法跟拉默教授的柏拉圖式理想一樣。原來，是龍樹給拉默這種想法的！但，如果我們能記得龍樹一心要提昇在萌芽中的大乘佛教，就更能了解箇中原委。他寫道：「小乘佛教徒修行四無量心，但他們所修行的四無量心僅在心願形式。同時修四無量心與十波羅蜜多①即是能轉變世界的菩薩四無量心。」為了要提倡大乘佛教，龍樹錯怪小乘佛教中的四無量心僅爲內在形式，而無外在表現。這跟他之前講的「愛心一起，言行就會流露出來」有所矛盾。把慈、悲、喜、捨當成僅是存在心中的心願是不正確的。修行的目的不只是要在心念中燃起四無量心，也要在言行中把四無量心

編按：註號○為原註；●為中譯註。

❶原文出自《大智度論》卷二十：「若念十方眾生令得樂時，心數法中生法，名為慈，是慈相應受想行識眾，是名心數法，起身業口業及心不相應諸行：是法和合，皆名為慈。為慈故，是法生，以慈為主，是故慈得名。譬如一切心心數法雖皆是後世業因緣，而但思得名，於作業中，思最有力故。悲、喜、捨亦如是。」

①布施波羅蜜多、淨戒波羅蜜多、安忍波羅蜜多、精進波羅蜜多、靜慮波羅蜜多、般若波羅蜜多、方便善波羅蜜多、願波羅蜜多、力波羅蜜多、智波羅蜜多。

帶到世界。我們修行慈觀時，並不只是要觀想愛在空間中散播，更是要接觸匿居心底的愛之源，然後，在日常生活中，現實的人際交往中，表達和分享我們的愛。我們要不倦修行，直到能在他人身上看到我們的愛的確切成果，直到能把平和及歡喜帶給所有的人——包括那些對我們極不友善的人。

修慈觀的具體好處

《清淨道論》的作者佛音告訴我們說，當禪觀開始結果時，我們將會在身上，看到慈心的訊息：(1)睡得更放鬆；(2)不受夢魘騷擾；(3)醒的時候，感到更輕鬆；(4)不急不鬱；(5)被周遭的人、物保護著。

在《增支部經》中，佛陀提到修行慈觀的十一種好處。佛陀會講修行慈觀的好處以及不修的壞處，目的是爲了要鼓勵人們修行。

（一）修行者好眠。

（二）醒來時，感到心境光明舒坦。

（三）不受夢魘騷擾。

（四）廣受喜愛，與眾人相處時輕鬆自在。其他人，尤其孩童，特別喜歡與之親近。

（五）親愛非人類眾生，例如：鳥、魚、象、松鼠。可見或不可見的生命都喜歡與之親近。

（六）受諸神護佑。

（七）不受火、毒、刀劍傷害，更不須特別防範。

（八）很容易就可達到禪觀境界。

（九）容貌光明清靜。

（十）過世時，心清念明。

（十一）往生梵天，繼續修行，因爲在此已有修行四無量心的僧伽了。

修行慈觀功德最大

佛陀在《如是語經》中說，若是把在世所做的善行集合在一起，其功德也還不如修行慈觀。設禪修中心、造佛像、鑄鐘或做社會服務，其功德都不及修行慈觀的十六分之一。集天上繁星之光，仍不如月光的皎潔。同樣地，修行慈觀會比所有善行集合在一起還有益。

修行慈觀就像是孜孜不息地掘地，直到掘到最純淨的水爲止。諦觀自己，直到智慧湧起，愛流到表面。喜悅和歡喜在我們眼中閃耀，周遭的人都從我們的微笑與相伴中獲益。

當大乘佛教信徒說：「小乘佛教徒不照顧別人，只照顧自己，所以他們是小乘。」就是沒有想到，如果你能把自己照顧好，你就能幫助所有的人。你不再是世界的苦難之源，你成為喜悅和清新的水庫。到處都有知道怎麼照顧自己的人。他們喜悅快樂地活著，是我們最堅強的支持。他們所做的每一件事，都是為每一個人做的。這就是大乘佛教的眞諦，也是慈觀。

佛陀說，就算僧侶只修行一彈指時間的慈觀，就不枉出家了：「他不會在止禪上失敗，他將能實現老師的教法。供養他的食物不會被浪費掉。沒有什麼善行是比日日修行慈觀來得大的。」

3

愛自己

一行禪師和小孩一起行禪

以下的慈觀引自《清淨道論》：

願我的身心和諧、快樂、輕鬆。
願他的身心和諧、快樂、輕鬆。
願他們的身心和諧、快樂、輕鬆。

願我安全，不受傷害。
願他安全，不受傷害。
願他們安全，不受傷害。

願我了脫憤怒、痛苦、恐懼、焦躁。
願他了脫憤怒、痛苦、恐懼、焦躁。
願他們了脫憤怒、痛苦、恐懼、焦躁。

修行慈觀從自己（我）開始，在能夠愛自己、照顧自己之前，我們對別人幫助不大。然後，才在別人（他、他們）身上修行：先從我們喜歡的人開始；之後是無利害關係的人；再來是我們愛的人；最後是那些一想起來就使我們痛苦的人。

慈觀第一步：觀照自己的身體

修行的第一步驟，要諦觀色蘊，也就是我們的身體。佛陀說，人是由色、受、想、行、識五蘊所組合而成的。我們是國君，而五蘊是我們的疆域。要知道自身的眞正情況，就要對疆域做完整的調查，包括那些彼此爭鬥不休的五「蘊」。想要使內部融洽、和好並療癒傷口，就要先理解自己。慈觀的開始，即是諦觀、諦聽及調查疆域。

首先，我們問道：我的身體在當下好不好？在過去好不好？未來會不會好？之後，在禪觀我們喜歡的人、無利害關係的人、我們愛的人、我們恨的人時，也是從諦觀他的身體狀況下手。吸氣呼氣；觀想他的臉、走路的樣子、坐的樣子、說話的樣子；觀想他的心、肺、腎以及身體內所有的器官，用所有需要的時間，將這些細節帶入覺知。然而，要由自己開始。若能看清楚自己的五蘊，理解和愛就會自然而然地升起，我們將知道要怎樣，或不要怎樣，才能照顧自己。

我們觀照自己的身體，看看它是不是和諧，或是病魔纏身。觀照自己的肺、心、腸、腎、肝，看清楚自己身體的眞正需要是什麼。若是做得到這一點，我們的吃、喝、行都會顯現出對身體的愛與慈悲。常常，我們都只是照著根深柢固的習慣作息。但，有了諦觀，我們就會看到這些習慣有很多都對身心有害，所以我們要轉變這些習慣、培養有益健康和活力的習慣。

第二步：觀察感覺如何生起

接下來，要觀察我們的受蘊——樂受、苦受或不苦不樂受。受蘊，像條河似地在我們體內奔流，每一絲感覺都是那條河內的一滴一涓。我們觀照那條受蘊之河，看看每一絲感覺是怎樣形成的，看看是什麼阻礙了我們的快樂，然後盡力去轉變。我們努力接觸已存在我們內心及這世界的驚奇、清新和療癒的元素。這麼一來，我們會變得更強壯，更有能力去愛自己及他人。

第三步：解除錯誤的想法

之後，要觀想蘊。佛陀觀察到：「世界上苦難最多的人，是那些有許多錯誤想蘊的人……，而我們大部分的想蘊都不正確。」我們在黑暗中看到一條蛇，就慌張起來，可是，友人拿燈一照，我們卻發現那原來不過是條繩子罷了。我們必須要知道，是什麼樣的錯誤想蘊引來痛苦。請將「你確定嗎？」這句話書寫在一張紙上，然後貼在牆上。慈觀幫助我們學習用清晰、寧靜來觀看事務，以便改進我們的想蘊。

第四步：發現行動的本性

再來，我們觀想行蘊，是怎樣的想法、傾向，使我們這樣說話、這樣做事。修行諦觀，以便發現我們行蘊的真正本性——我們如何被我們的個體意識影響，又如何被我們的家庭、祖先及社會的集體意識影響。不健全的行蘊帶來動亂，健全的行蘊帶來愛、快樂、自在。

第五步：覺知習性

最後要觀照的是我們的識蘊。佛教說，識蘊恍若有著千萬般種子的田野，有慈悲喜捨的種子，有憤怒、恐懼、不安的種子，也有正念的種子。識蘊是儲藏這些種子的倉庫，藏著這些種子，一切可能在心中就有可能會升起。若心不和諧，就可能跟識蘊庫中的渴望與感覺有關。想要生活在和諧中，就要覺知到我們的傾向（習性的能量），這樣，我們才有辦法做到自我控制。這是預防性健保的修行。諦觀感覺的本性，尋找它們根源，看看哪一個感覺需要轉變，並且孕育那些帶來和諧、喜悅及健全的感覺。

沒有人比自己更親密

有一天，憍薩羅國的波斯匿王問其妻末利夫人說：「愛卿，有誰對妳的愛，跟妳對自己的愛一般多？」末利夫人笑了，答道：「我親愛的丈夫，有誰比你自己更愛你？」次日，他們把之前的對答跟佛陀講，佛陀於是說：「你們說得很對。全宇宙中，沒有人比自己還親密。心也許會朝數千方向游走，但它絕找不到更親密的人了。理解到愛自己的重要後，你就會停止使別人受苦難了。」

波斯匿王和佛陀成為好朋友。有一天，當他們在衹樹給孤獨園中坐著的時候，波斯匿王跟佛陀說：「至尊，有些人以為他們愛自己，但他們的想法、言語、行為總是在傷害自己。這些人是自己的最大敵人了。」佛陀同意說：「用自己的想法、言語、行爲來傷害自己的人，的確是自己的最大敵人。他們只給自己帶來苦難。」通常，我們都以爲我們的苦難是他人引起的，例如：父母、伴侶、敵人。然而，出於健忘、憤怒或是嫉妒，我們會說出、做出一些事情，給自己或他人製造苦難。又有一次，佛陀告訴波斯匿王：「人們常常以爲他們愛自己。但，因爲沒有正念，他們的言語卻給自己製造了苦難。當明白這點眞理時，我們就會停止怪罪他人，不再把他們當成我們的苦難的始作俑者。反而，我們會試著去愛、去照顧自己，並且滋潤自己的身心。」

想引用《清淨道論》來修行慈觀，首先要平衡地坐著，讓你的肉體和呼吸都平靜下來，然後念道：「願我的身心和諧、快樂、輕鬆。願我安詳、不受傷害。願我了脫憤怒、痛苦、恐懼、焦躁。」坐姿，是修行慈觀的美妙姿勢。平平穩穩地坐著，不被其他雜事擾亂，讓我們可以好好諦聽眞正的自己、耕耘對自己的愛、決定怎麼對世界表達這份愛的最好辦法。

無時不修、無地不行

這份修行起於「願我……」的渴望。然後，超越這絲渴望，諦觀禪修對象的所有好壞——在這裡，這諦觀的對象就是我們自己。想要去愛的意願，還不是愛。我們全心全意地諦觀，以便能理解。我們不只是反覆念這些字，或是模仿他人，或是爲某種理想努力而已。修行慈觀，不是自言自語，不是只是在那邊念著：「我愛我自己。我愛所有的眾生。」我們諦觀自己的色、受、想、行、識，不出幾個禮拜，愛的渴望就會變成一股深厚的意願。愛，會滲入我們的思想、言語、行爲，我們的身心都變得和諧、快樂、輕鬆，會安全度過一切傷害，了脫憤怒、煩惱、恐懼、焦躁。

修行時，要觀察在心中已有多少和諧、快樂、輕鬆，要注意你是不是在爲意外或不幸感到焦躁，以及有多少憤怒、不安、恐懼、焦躁、煩惱在你心中徘徊不去。覺知到心中這些感覺，自我理解便會加深。你會明白到，你的恐懼與不和諧如何使你不快樂，你也會明白到愛自己和耕耘慈悲心的價值，不要再活在害怕意外的泛泛恐懼中，而要觀察你是怎樣無時不刻地傷害自己，並且採取適當的行動，把疾病及災害減少到最低點。

修行諦觀，不是只限於靜坐的墊子上，而是要無時不刻、無地不行。活在正念中，是防止意外、保護自己的最好辦法。認知你心中種種的深刻渴望：對和諧安詳生活的期盼，爭取所須支持的願望，修行正念的意願。也許，你會想要寫下你的觀察和了悟。佛陀說過，一旦明白到這世上，與我們最親近、最珍惜我們的人就是自己時，我們就不會再以對待仇家的方式，來對待自己了。這項修行會化解任何想要傷害自己或他人的意願。

「願我了脫憤怒、痛苦、恐懼、焦躁。」憤怒會傷害所有的人，連自己也不能倖免。若是憤怒滿懷，和諧與快樂便會杳如黃鶴，不見蹤影。有些人把生命耗盡在憤怒中；就算有人碰了他們一下，他們也會變得怒不可遏。這是因爲環境所致？還是因爲他們心中的憤怒種子？諦觀你心中的憤怒種子，諦觀那些你認爲傷害你的人。慈觀能幫助我們理解兩者，並且幫助我們拋棄那些會製造更多苦難的習慣性思考、習慣性行爲。我們會明白到，那個傷害我們的人，自己正在深受折磨。觀想他的苦難，可以激起我們心中的理解和愛。心胸一放開，苦難便會隨之而去。慈觀的修行，將我們從自己的苦難中解放出來。

所有智者都同意除去的敵人

有一名婆羅門問佛陀說：「至尊，有沒有什麼東西你會同意殺害的？」佛陀答道：「有，憤怒。殺害憤怒，可以除去苦難，帶來和諧與快樂。憤怒是所有智者都同意殺害的唯一敵人。」佛陀的回答感動了他，他於是加入佛陀僧團。當他的表兄發現他出家了，當面咒罵佛陀。佛陀只是微笑。這使表兄更氣，問：「你怎麼沒反應？」佛陀答道：「如果有人拒絕一項禮物，這份禮物一定要由送禮的人收回。」第一個受到憤怒言行傷害的，就是自己。

後來，佛陀說了一個偈子：

沒有憤怒的人，憤怒由何生起？
修行諦觀、做自己的主人，
將住於和諧、自在、安詳。
爭口舌、互羞辱，
傷自己，傷他人。
眞正勝利者，
不以牙還牙。
修行及克己，
惠己又惠人。
理解你的憤怒根，理解他的憤怒根，

滿心享受眞和諧、眞喜悅、眞自在。
你變成療養自己，療癒他人的良醫。
沒智慧的人以爲，
不動怒的是蠢人。

「沒有憤怒的人」是指那些在識蘊庫中沒有憤怒種子的人。我們之所以會生氣，主要是因爲那些我們隨身帶著的憤怒種子，這些種子可能是從父母或社會那兒傳送來的。即使是一點小刺激，也會使那股憤怒湧到表面。一個沒有憤怒種子的人可以永遠保持微笑，不論別人當著他面說了什麼。

理解爲你帶來和諧

「修行諦觀、做自己的主人，將住於和諧、自在、安詳。」有辦法做到自制的人不會被拖進憤怒的漩渦中。從諦觀中得到的了悟，會保護他們的心靈和身體。諦觀，就是慈悲喜捨的修行。

「爭口舌、互羞辱，傷自己，傷他人。」如果有人對你吼叫，而你也吼回去時，不但你會受苦難，這股憤怒也會繼續增強。要避免這樣做，這只會傷害雙方。

「眞正勝利者，不以牙還牙。修行及克己，惠己又惠人。」以牙還牙，以眼還眼，只會使苦難繼續。修行觀呼吸，你將製造一個雙贏局面。

「理解你的憤怒根，理解他的憤怒根，滿心享受眞和諧、眞喜悅、眞自在。」只要諦觀，就會明白到，別人之所以會生氣，是因爲他的正念不足，或是因爲誤解，或是因爲由他的父母、祖先、社會傳遞過來的憤怒種子。這一份理解，可以當下就爲你帶來和諧、喜悅及自在。

「你會變成療養自己，療癒他人的良醫。」如果有人怒氣沖沖地對你吼叫，而你只是不慍不火地以微笑作回答，他可能會慢慢地開始理解，最終，也可能轉化他的憤怒。猶如華陀在世，你療癒了雙方的傷口。

「沒智慧的人以爲不動怒的是蠢人。」也許有人會說：「頂回去啊！不要這樣子給人欺負。」但，說這話的人不理解佛陀的深刻教誨。當你感到怒氣上沖時，要回頭觀呼吸，不離呼吸，對方可能會看到你是有修行的人，甚至可能會向你道歉。牢記這句偈語，受益良多。

正念克服六大煩惱

我們祈禱，在日常生活中無災無難。我們也希望，怒氣永不昇起。但，當怒氣眞的上沖時，我們知道怎樣對待。在這套從《清境道論》引用出來的慈觀中，「憤怒、痛苦、恐懼、焦躁」指的是那些所有藏匿在我們心中，剝奪我們和諧快樂的不健全、負面的心態。憤怒、恐懼、焦躁、欲望、貪婪、無明是現代的六大煩惱。修行正念生活，我們就有辦法應付它們，而我們的愛也會換化爲有效的行動。

不論是在家或是在工作，不論是在坐禪或行禪，都要全天諦觀。若是做得到這點，你將發現色、受、想、行、識五蘊的眞性。你會明白，是什麼塑造了現在的你，這將使你易於接納自己——包括你的苦難和快樂。愛，就是要接受眞正的自己。「認識自己」是修行愛的第一步驟。

4

愛和理解

下面三項修行，是以《清境道論》爲基礎更進一步慈觀修行：

願我學會以理解與愛之眼看自己。
願他學會以理解與愛之眼看自己。
願他們學會以理解與愛之眼看自己。

願我有能力認知、接觸心中喜悅與快樂的種子。
願他有能力認知、接觸心中喜悅與快樂的種子。
願他們有能力認知、接觸心中喜悅與快樂的種子。

願我學會識別、了解心中貪瞋癡的泉源。
願他學會識別、了解心中貪瞋癡的泉源。
願他們學會識別、了解心中貪瞋癡的泉源。

去冬，當梅村住家在修行慈觀的時候，一名年輕的在家女弟子對我說：「在我對男朋友做慈觀後，我發現我不再那麼愛他了。可是，對我最討厭的人做慈觀以後，我忽然很恨自己。」在禪觀之前，她對她男朋友的愛是又熱又烈，讓她看不見她男朋友的缺點。在禪觀的過程中，她開始更清楚地看她男朋友，也認知到，她男朋友其實沒有想像中的完美。她說她不再那麼愛她男朋友了，然而事實上，她對他的愛卻有了更多的慈和悲。她有辦法理解到他受的苦難，她對他的愛也因此變得更深、更健康。她有辦法更自由地呼吸，也因此有辦法讓她的男友更自由地呼吸。雖然她說：「我不再那麼愛他了。」我想，她的意思是說：「我愛他更深了。」

她對她最討厭的人也有了新的了悟。忽然間，她看到那個人爲什麼會是這個樣子的原因了。也看到了，她對那人的言行做出如何殘酷的反應，因此害他受苦。她的話證明了她是眞的在修行。

起心動念，照進正念

「願我學會以理解與愛之眼看自己。」又一次地，我們由自身開始做起，理解自己的真實本性。只要仍舊拒絕自己，仍舊繼續傷害自己的身心，就談不上愛他人、接納他人。有了正念，就有辦法認知我們習慣性的思考模式，以及我們思維的內容。有時候，思維會在原地打轉，讓我們在不信任、悲觀、衝突、悲哀、嫉妒中沉沒。心，若是如此，一言一行不由自主地就會流露出這些心念特質來，進而對自己及他人造成傷害。這項修行就是要在我們習慣性的思考模式中，照進正念的光芒，讓我們能看得清楚。當念頭或想法浮起時，立即認出，並對它微笑。也許，這樣就能使它安息。適當的作意可以帶來快樂、和諧、純潔、愛。不適當的作意則會在心念中充塞悲傷、憤怒、歧視。正念幫助我們修行適當的作意，灌溉心中和諧、快樂、自在的種子。

佛教將心念（末那識）形容爲在樹枝上吊來晃去的猴子，一次又一次地，帶我們進入傷痛、苦難的黑暗世界。修行是要在起心動念的過程中，照射正念的光芒，好讓我們能看得清楚，不至於陷入不適當的作意。聽到一段對話，或者目睹一件事故時，我們的作意可能會是適當的或是不適當的。有了正念，我們就有辦法將它認出來，進而孕育適當的作意，釋出不適當的作意，並注意到：「我了知，這項不適當的作意對我或是我關心的人皆無益。」知道怎麼保持一顆寧靜、喜悅的心，言行就會散發出和諧及快樂，成爲自己的眞實朋友，許多人的益友。

接下來，用正念來照亮我們的言語。我們可能下過決心，絕不說某些話，但最後還是把守不住，說了出來。正念可以幫助我們，在說出挑釁話語之前，趕緊住口。

身體舉止，像是一瞥一眸、一揮手或是站姿，都會流露出我們的心念狀態。每一個姿態，都道出我們心中的喜或悲、愛或恨、正念或不正念。正念照亮了我們的舉止，像是我們的站姿、坐姿，看別人的樣子，微笑的樣子，皺眉的樣子。正念光芒照耀下，我們認知到哪一個行爲是有益的，哪一個行爲又是有害的。益己的行爲，也將益他人。傷人的行爲，也將傷他人。這就是爲什麼在修行開始之初，我們說：「願我學會以理解與愛之眼看自己。」一旦你用理解之鑰打開了愛之門，你將體驗接納自己和他人的感受。如果你還沒有辦法接納他人，那是因爲你尚未接納自己。如果你與你周圍的人鬥爭，便是因爲你心中有掙扎。《妙法蓮華經》告誡我們，要以慈悲之眼來看眾生，這也包括了自己。

「願我有能力去認知、去接觸心中喜悅與快樂的種子。」是很重要的修行。我們的心有如一片田野，遍滿菁蕪不齊的種子，我們必須覺知所有各式各樣的種子。當接觸到苦難時，也要知道尚有其他種子的存在。我們的祖先將苦難的種子傳遞給我們，但他們也給了我們平和、自由、喜悅及快樂的種子。即使這些種子埋藏在意識深處，我們仍可灌溉它們，幫助它們茁壯起來。接觸心中的喜悅、平和、自由、堅強及愛的種子是很重要的修行，也請朋友爲了我們，照著這麼做。如果我們愛某人，我們每天都需要認知並接觸在他心中的正面種子，不再澆灌憤怒、沮喪和仇恨的種子。這樣，可以幫助他朝健康與快樂的方向成長。

次第選擇禪觀的對象

修行有成時，我們將有能力至少在某種程度上，去理解、去愛、去照顧自己，然後便可以將他人做爲慈觀的對象。首先，我們選喜歡的人做禪觀的對象，再來是與我們無利害關係的人，然後才是我們愛的人，最後是我們很厭惡的人。在《清淨道論》中，佛要我們先對我們所喜歡的人修慈，因爲要將愛心贈予喜歡的人比較容易。他以燃火爲譬喻。首先點燃稻草，等這些稻草燒起來了，再加小樹枝。小樹枝燒起來後，再添入小木柴。等小木材燒起來後，我們才放進大木材，直到一些潮濕或青嫩的木材也燒起來爲止。但，如果我們想要直接在一些濕漉漉的木材上燒火，簡直是癡人說夢。佛音又說，如果我們以熱戀中的愛人做修行的開始，我們可能會被強烈的感覺吞噬。他也勸告我們，不要拿已過世的人做禪觀對象，除非說我們的正念既堅實又眞確，這才沒有什麼好顧慮的。因爲明白到生與死不過是一種概念罷了，所以不會因爲禪觀所愛的人、厭惡的人或是已過世的人而迷失掉。

「願他的身心和諧、快樂、輕鬆。願他了脫傷害。願他安詳無恙。願他了脫憤怒、騷亂、恐懼、煩惱和焦躁。」專注於慈觀對象時，如果他住在你的東邊，就將你所有的能量送到東邊去。如果他坐在你右邊，就將你的能量延伸到右邊去。用愛的能量環繞著他。即使他不需要你的愛，也要如此修行。全新全意於深刻的專注中。因為你知道怎麼愛自己，你有能力將愛給予喜歡的人。諦觀他的色、受、想、行、識五蘊，這個修行其實是很簡單的。

在《念處經》中，佛陀教導僧侶們，「於身隨觀身」、「於受隨觀受」、「於心隨觀心」、「於法隨觀法」。意思是說，你不是從外往內看來做禪觀。想要對某人有深刻和直接的理解，你必須與他合而為一。只要你還把自己當成另外一個個體，與你觀照的對象有所區分，你的理解就還不算真確。

在你成功地對喜歡的人做禪觀以後，選一個你既不愛也不恨，與你沒什麼利害關係的人來做禪觀對象，像是郵差或是水電工。就算你對那人有些好惡感，也還不算是眞愛或眞恨。一個毫無關係的人，可以是百萬人的代表。譬如說，你想將你的愛分散給波斯尼亞人，就選一個你可以觀想出的波斯尼亞人做禪觀對象。諦觀他，並觀想他的色、受、想、行、識，如此，你便會明白他整個國家的情況。若是你能夠理解他，你就有辦法去愛、去理解所有的波斯尼亞人。如果你說：「願一切眾生快樂。」但卻沒有明確、實在對象時，你的願望也許會太過模糊。但，若是只專注在一個人上，說：「願他和所有像他的人安詳，不受傷害。」也許就比較容易。如此一來，你的愛將會變得實在。慈觀，絕非是願望的想像，而是實實在在的修行。諦觀，你將散發正念的能量，照亮你禪觀的對象。眞摯的見到總是會激起眞摯的愛。

再過幾個月，如果你覺得你可以做下一階段的修行時，選一個你愛的人做禪觀對象。甚至，你也可以選你最親愛的人。「願他的身心和諧、快樂、輕鬆。願他安詳，不受傷害。願他了脫憤怒、痛苦、恐懼、焦躁。」這是非常甜蜜的修行，也是爲什麼《清淨道論》警告我們，這項修行藏有魔障。在禪觀跟你關係密切的人時，你的專注可能會喪失。

最後，禪觀被你當成敵人、光是想就可以令你咬牙切齒的人。把自己放到他的處境中，然後想：「願他的身心和諧、快樂、輕鬆。」如果你還沒有辦法愛自己，你就沒辦法愛你的敵人。但，當你可以愛自己時，你就有辦法愛所有的人。若做到這點，你就會明白到你所謂的敵人，也不過是個受苦難折磨的人罷了。「願他安詳，不受傷害。」越戰期間，我禪觀越南士兵，祈禱他們不要喪命沙場。但，我也禪觀美國士兵，深深地替他們感到同情。我知道，他們被派遣到千里之外的異鄉，到此來殺人或被殺，因此我祈禱他們平安。如此，卻激起一股深刻的渴望，希望戰爭能結束，讓所有的越南人及美國人安享太平。一旦那股渴望變得清晰了，眼前就只是一條道路——爲結束戰爭而努力。修行慈觀，使我必須往那條走。只要能明白到，被你稱爲敵人的人也在受苦難折磨，你就有辦法去愛他、接受他。「敵人」這個觀念會銷聲匿跡，取而代之的，是一個「他也在受苦難、也需要我們的愛和慈悲」的眞相。

「願我有能力認知、接觸心中喜悅與快樂的樣子。」首先，學習接觸和認出你心中快樂和喜悅的種子。一旦做到了，也在別人身上這麼做，即使是偶爾也可。就算某人非常不快樂，你也知道，在他心中仍有快樂與喜悅的種子。學會怎樣灌溉自己心中的這些種子後，你便會知道怎樣灌溉他人心中的種子。藉著你的言語、眼神、手的觸摸、關愛、你就有辦法幫他接觸到這些種子，雙方也都將因此受益。

一人修行，全家受益

在梅村，我們要求學生寫下父母親的優點。有一個年輕人輕而易舉地就能列出他父親的長處，卻不願意描述母親，因爲他想這是很不愉快的事。在開始禪觀以後，他非常驚訝地發現，他有辦法接觸到他母親的許多優點。他愈發現母親的優點，他對母親的反感也愈平息。深入禪觀之後，他重新建立與母親的關係，愛自他心中流露出來。

之後，他寫了一封愛的信給他母親，信中暢訴了他的了悟，承認母親的優點，表達了對她的感激。他母親收到信後，感動莫名，她的兒子從來沒有這樣好好地跟她講過話。她跟鄰居聊起這件事，說她是怎樣高興能夠與兒子和好，又是怎樣惋惜她自己的母親已不在人世，她想寫一封類似的信給她母親。這名年輕人知道後，寫信給媽媽說：「請不要以爲外婆不在人世，她仍活在您心中。我相信她會讀到您的信，即使是在您寫信的時候。」這是他從這次修行中得到了悟——我們的父母，列祖列宗都活在我們心中。我們是他們產物。在收到他的第二封信後，他母親眞的寫了一封信給自己的母親。一人修行，全家受益。

灌溉愛的種子

「願我有能力認知、接觸心中喜悅與快樂的種子。」佛法用「一切種子」來形容意識。我們是園丁，確認、灌溉、耕耘最好的種子。我們需要眞摰地堅信：在我們的心中有好種子。然後，用適當的作意，在坐禪、行禪或是日常生活中，與這些種子接觸。一旦成功地與這些正面種子接觸，我們將知道怎樣一次又一次地與它們接觸，它們也會變得更茁壯。這就是爲什麼我常要求心理治療師，不要只是與病人談論他們的問題，而要幫助病人接觸自己的喜悅和快樂種子。如果治療師知道怎樣在走路時維持正念，接觸自己的健全元素，就知道怎樣幫助病人也這樣做。爲何不帶你的病人到室外做行禪？教他們怎樣以煥然一新的步伐在大地上走路，怎樣觸摸藍天白雲。教他們怎樣慢下來，怎樣享受當下最簡單的樂趣，怎樣藉這一切來滋養自己。如果治療師只和病人談苦難，傷害可能太大。

「願我有能力認知、接觸心中喜悅與快樂的種子。」這項修行的本質是愛。「現下有許多人不知道如何修行眞愛。」這是我所著《沙彌沙彌尼戒本》中的一句話。①

---

①摘自一行禪師所著：*Stepping into Freedom : An Introduction to Buddhist Monastic Training*, 1997。

「願學會識別、了解心中貪瞋癡的泉源。」「識別」的意思是，認知某事的存在。「了解泉源」的意思是，理解事務的本性——它從何而來，是什麼因緣匯聚而成的，以及已存在多久。這是諦觀的過程。

我們的心中都有些毒素，包括貪、瞋、癡。貪使我們追逐聲色名利。癡是無知、不理解。除這三毒外，還有其他毒素，包括慢、疑。我們必須在日常生活中修行正念，以認識心中的貪瞋癡，了解它們帶來的苦難（外在因素並非唯一來源）。佛陀問：「無瞋的人怎會怒火上升？」瞋的主要來源，是我們心中的憤怒種子。親眼目睹、親耳聽見一件事的或許有兩個人，但生氣的可能只有一個。言語和事件只是刺激我們心中的東西，若是阿賴耶識沒有憤怒的種子，怒火便無處可起。

在能幫助別人之前，我們必須控制自己的瞋。當怒火被煽動時，我們往往會攻擊那些灌溉我們憤怒種子的人。這就像是房子著火了，不去滅火，卻跑去追那些我們以爲是放火的人。與別人爭吵，只是在我們心中的憤怒種子上澆水。怒火生起時，就要回歸自己，並用正念的能量去擁抱、平息、照耀那股憤怒。不要以爲如果你也使那人受苦，你會覺得好過些。這是很危險的想法。怒火中燒，可能使他的反應更嚴厲，那股憤怒更會一發不可收拾。佛陀教導我們，當怒火生起時，就要閉起眼睛、耳朵、回歸自己，照料心中那股憤怒源頭。轉變你的瞋，並不僅僅是爲了個人的了脫，你周遭的人，甚至遠方的人也會受益。

佛陀列舉七項放下憤怒的理由：

1. 瞋使我們醜陋。如果感到憤怒，便照照鏡子，然後我們就會做些使自己更漂亮的事。這首短偈可以幫助我們修行：

知道瞋使我醜陋，
我以微笑來相對。

回歸自己，

修行慈觀。②

2. 瞋使我們受苦。瞋使我們加倍痛苦，「就像正在被烤的蝦」。

3. 我們會無法發展或興盛。

4. 瞋使我們無法在物質上或是精神上昌隆，我們會失去現有的財富或快樂。

5. 我們會因爲瞋而惡名昭彰。

6. 我們會失去朋友，因爲他們害怕會被我們心中的炸彈炸燬。

7. 我們會變成餓鬼，無法加入清新、喜悅的僧團。

生氣的時候，你的臉看起來就像是一顆會爆炸的炸彈。閉起眼睛和耳朵，回歸自己，好讓怒火平息下來。即使不容易做到，也要微笑。微笑可以放鬆幾百塊小肌肉，使臉看起來更吸引人。隨地坐下，然後諦觀。如果你的專注力還不夠強，不妨走到外面做行禪。最重要的，是要灌溉正念的種子，讓它在你的心識中生起。

憤怒只是一道能量

正念就是隨時保持正念，就像憤怒總是動不動就生氣。喝水時，要覺知你正在喝水，這就是喝水的正念。此處，我們要對憤怒培養正念。「吸氣，我知道我在憤怒，呼氣，我知道憤怒在我心中。」一開始，憤怒的能量上升；接著，正念的能量上升，第二道能量會擁抱第一道能量，讓第一道能量平息、消逝。我們不是要製造正念來趕走或挑釁憤怒，而是要來好好照顧憤怒。這個方法是非二元、非暴力的。因爲認知到正念和憤怒都是我們的一部份，所以它是非二元的。一道能量擁抱另外一道能量。不

②摘自一行禪師所著：*Present Moment Wonderful Moment*, 2006。

要生瞋的氣。不要試著趕走它，或壓抑它。承認怒火上升，然後照顧它。胃痛時，你不但不會生胃的氣，反而會照顧它。做母親的聽到娃娃在哇哇大哭，她會放下手邊的工作，來安慰娃娃。然後她會試著理解爲什麼娃娃要哭，是因爲身體不舒服，還是在鬧情緒。

諦觀憤怒，要像諦觀你自己的小孩一樣，不要恨它或排斥它。禪觀不是讓自己變成戰場，雙方爭個你死我活。觀呼吸可以平息、安撫憤怒，正念可以滲透憤怒。在開暖爐十五分鐘後，暖氣會瀰漫冰冷的房間，轉變就此開始。你不需要撇棄或壓抑任何事，即使是瞋。瞋只是一道能量，所有的能量都可以被轉變的。禪觀，是轉變能量的藝術。母親抱起娃娃的時刻，娃娃會感到一股愛和舒適的能量，開始覺得安逸。就算造成不舒服的原因還存在，被擁抱在正念中，也足夠帶來些安逸了。

在《入出息隨念經》中，佛陀教導道：「吸氣，我平息內心的活動。」「內心的活動」指的是任何情緒或心理狀態，例如憤怒、悲傷、嫉妒或恐懼。正念吸氣、呼氣時，你擁有並安撫了那心理狀態。一旦感到怒火上升，便要趕緊製造正念擁抱瞋。十分鐘後，瞋的強度便會緩和下來，正念還會揭發許多事。抱著娃娃十分鐘後，也許在一邊哼著搖籃曲下，做母親的就會找出娃娃不舒服的來源，或許發燒了或許著涼了，或者尿布太緊了，或許是因爲口渴了。一旦母親發現不舒服的來源，她可以立刻改變情況。找到問題根源是很重要的。這是諦觀的修行。

「吸氣，我知道我在生氣。呼氣，我知道憤怒在我心中。」首先要修行的是認知。「瞋啊，我的老朋友。」然後，你要諦觀，看清憤怒的源頭。「爲什麼我在生氣？」你最先會發現到，苦難的源頭不在別處，而是在你的阿賴耶識中。那兒早有貪、瞋、癡、慢、疑的種子。別人不過是次要的因罷了。接下來，你會看到，原來他也在受苦難折磨。或許，你原本以爲，唯一受苦難的人是你，但卻不盡如此。若是有人把那苦難潑在你身上，你該知道，他也在受苦難。一旦理解到這裡，愛會在你心中湧起，不自主地想要幫忙。理解，是其中關鍵。

由於修行正念，瞋會回到阿賴耶識中。等下次怒火再起時，也照著這麼做，最終，在你心中的憤怒種子會削弱下來，這項修行要面對瞋，也多謝正念，將瞋轉變爲愛和理解的能量。

五種情況燃起怒火

有一天，當佛陀在舍衛國祇樹給孤獨園時，舍利弗長者集合了一群比丘。佛陀對他們說：「諸比丘，有五種情況可以燃起怒火，卻也可以避免。」

「第一個情況是被別人的行爲而非語言激怒。有些人我們看了就討厭。他們站立的樣子、行動的樣子都令我們生氣，但他們說的話卻一點也不令人討厭。你如果跟那種人在一起，聽他說話就可以了，不要理會他在做什麼。斤斤計較他的行爲，難免會怒火中燒。但，如果把注意力只放在他說的話上，怒火便會消逝。從前有一個僧人，喜歡撿垃圾堆裡的破布來做僧袍。只要讓他看到小破布，不管那垃圾是不是佈滿了尿屎，他都會撿起那塊破布，帶回僧院，洗乾淨，然後跟其他破布縫在一起，做一件僧袍。看他做這種事是很難受的，可是，在同時，他講話又很友善。若你只注意它的言語，怒火就不會燃起。

「第二種情況是當有人講話跟蛇一般毒辣，可是做出來的行爲卻友善益人。把注意力放在這個人的行爲上，別理會他的言語。這附近有一個深邃的湖，湖面上覆蓋了許多草菅、雜草、落葉、麻草、小樹枝，被熱氣騷擾的人也許會跑到這湖來游泳。在岸邊脫下長袍之後，他推開這些草菅、雜草、落葉、麻草、小樹枝，進到那清淨、清涼的湖水中。如果只是因爲這些小草菅、雜草、落葉、麻草、小樹枝就不理會這片清涼的湖，未免太可惜了。

「第三種情況是某人的言語和行爲都令人不愉快。仔細諦觀這個人，試著找出他的優點，即使那些優點並不顯眼。每一個人都有優點。這項修行比較困難，但並非不可行。試想，有一個人跋涉了幾千里，口乾舌燥。然後他在地上看到一個水牛留下來的腳印，腳印中有一點點水。他告訴自己：『如果我用葉子來舀水，水可能會流出來。所以，我應該要彎下腰來，直接從腳印中喝水。』這麼做了以後，他精神一振，可以繼續旅程了。我們必須諦觀，在言語和行爲都令人不愉快的人身上找出優點。一旦找到優點，就不難接受他。雖然說這種情況比前面兩種都還困難，但有智慧的人，還是可以放下對這種人的厭惡。

「第四種情況是某人的身口意都不健全。在一條偏僻的鄉間路上，一名路人生了重病，放眼人煙杳杳，就只他形單影隻，孤伶伶的，沒有人可以照顧他，存活的希望渺茫。可是，忽然間，另一個路人走來了，他看到這名絕望的路人躺在路邊，於是停了下來，慈悲心大起。他扶起這名路人，一步一步地，蹣跚到下一個村落。然後，他又請來大夫，親自陪在床畔三、四週，直到那人痊癒爲止。他爲那人的痊癒感到歡欣無比。如果我們遇見一個身口意都令人不愉快的人，可想而知的，那人飽受苦難折磨。若是我們不愛他、不幫助他，又有誰來愛他？幫助他？若是心中有愛，就有能力接受那些身口意都令人受不了的人。

「第五種情況是某人的身口意都很健全。村子旁，有一個佈滿香松、白蓮的湖。舒軟的青草鋪岸，湖畔、林木森森、鳥鳴蝶舞，猶如人間仙境。如果你住在這個湖附近，可是卻不來湖邊坐坐，不到湖裡游游，也不舀些晶瑩剔透的湖水起來喝，你就不知道怎樣快樂地生活。當你遇見一個身口意都很健全、仁慈的人，試著找時間跟隨在他身邊。」

諦觀別人的苦難是很重要的。一個行爲不仁慈、思想言語都不健全的人，必定受到許多苦難折磨。若能諦觀，明白他的苦難，心胸自會敞開，理解的鎖匙也會自然浮現。我們的社會上，有許多人在童年時受到騷擾，結果終其一生，都還繼續受折磨。他們的恐懼和仇恨從未消逝，自尊心也一直不高。如果能諦觀虐待他們的人的痛苦，明白了那些虐待者身陷貪瞋癡三毒的囹圄，他們的心胸或許會開朗起來，恐懼和仇恨或許也會逐漸淡散。

「與一切合而為一」

四年前，有一個年輕人來到梅村，他對他父親怒不可遏。那時候，梅村的住眾正好在修行慈觀，寫信給他們合不來的人。在《綻放的蓮花》一書中，有一個對五歲小孩修諦觀的練習：「把自己當成五歲的小孩，我吸氣。對那五歲的小孩微笑，我呼氣。」那個五歲的小孩還在你心中，也許你曾歷經滄桑，但，一與那五歲的小孩接觸，慈悲將充盈你的心。

五歲的小孩是那麼地嬌弱，那麼容易受傷。偏偏有許多父母，沒有用正念來教養小孩，將自己的痛苦和憤怒一股腦兒地發洩到小孩上，結果，才五歲而已，小孩的心已經充滿著恐懼和憂鬱。也許，他會試著對他的父母表達那種感覺，但做父母的卻沒有能力聽。這麼小的孩子還不知道怎麼表達他的苦難，還在結結巴巴說話時，母親可能就已經打斷他的話了，甚至對他吼叫。嬌嫩的心，彷彿被潑上了一盆冷颼颼的冰水。做孩子的也許再也不會對父母述說心事，深邃的傷口久久不癒。做父母的一而再，再而三地這麼做，終於親子關係嚴重受創了。這其中的起因，便是正念的不足。如果一個做父親的不知道怎樣控制憤怒，他也許會斷絕與兒子的溝通，做兒子的更可能會終身受苦，變得無法與他的老師、朋友以及他自己的兒子溝通。

我請那年輕人，花一個禮拜的時間，把自己觀想成五歲的小孩。然後，我再教他：「吸氣，把父親當成五歲的小孩。呼氣，我對我五歲的小孩微笑。」我們都知道我們的父親成人的樣子，可是我們都忘了，他也曾是一個容易受傷害的小孩。請修行這項諦觀。如果有所助益，不妨找出一張父親五歲時的照片，諦觀那照片。吸氣，呼氣，並對你五歲的父親微笑。你將明白，父親也和你一樣，心中有傷痕。在那一刻，你「變成」你父親了。

佛陀講四無量心的時候，會引用梵文薩婆多多耶（Sabbattataya）一字，意思是「與一切合而為一」。變成你的諦觀對象，像是你父親。如果行諦觀，你將理解到，你父親五歲的時候，也被他人殘酷的舉止深深傷害過。若是他在童年受到傷害，可是從未學會轉變傷口，很自然地，他會將他的痛苦加到別人身上，連你也無法倖免。親骨肉成了他的苦難的受害者，就像他是他父母苦難的受害者一般。

於是，那名年輕人在他梅村的房間桌子上放了一張父親的照片。每次走進房間時，他會凝視父親的眼睛，練習重新認識這名與他形同陌路的人。微笑著，爲那在痛苦中的小孩感到同情。離開房間之前，他會再看一看他父親的照片，行正念呼吸。

有一天，他寫了一封信給父親，雖說父親早已撒手人寰了。寫到一半時，他忽然感到心胸一開，放下了一副重擔。他明白到父親的苦難，因此原諒了父親。愛和慈悲成了內心一股眞眞切切的能量，與父親重修舊好不再僅僅是願望而已。瞋毒消逝了。這很像舍利弗的禪觀。藉著諦觀他人深刻的苦難，理解痛苦的根源，愛和理解的大門自然而然大敞。

開始這項修行的第一步，是要學著接觸你心中的正面種子和苦難種子。認知到這些種子的存在，藉著禪觀，來理解這些種子的眞正本性（最根源的起因）。一旦理解到苦難的根源（例如說你的怒、你的痛、你的悲），你的心將變得平和、寧靜、輕鬆。心中的憤怒根源被轉變了，接納和愛變得輕而易舉。你成功地熄滅了心中的怒火，你將可以幫助別人朝這條路走。接觸到心中喜悅和快樂的種子，明白到心中貪瞋癡的源頭，我們的身心將眞正地感到和諧、快樂、輕鬆，將能了脫傷害，安詳無恙，並可了脫憤怒、騷亂、恐懼、煩惱和焦躁。

5

滋育快樂

看遠方

以下這三項修行也是從《清淨道論》中摘錄出來的。

願我知曉，如何每天滋育內心的喜悅種子。
願他知曉，如何每天滋育內心的喜悅種子。
願他們知曉，如何每天滋育內心的喜悅種子。

願我能活得清新、堅實、自在。
願他能活得清新、堅實、自在。
願他們能活得清新、堅實、自在。

願我了脫執著與憎恨，且不冷漠。
願他了脫執著與憎恨，且不冷漠。
願他們了脫執著與憎恨，且不冷漠。

以上這些禪修，幫助灌溉在阿賴耶識中的喜悅和快樂種子。喜悅和快樂是禪僧的食糧，進食之後我們會念：「願一切眾生以禪悅爲食。」

這種喜悅的本性是什麼？如何接觸生命中每一時刻的喜悅？怎麼把微笑、愛的眼神、快樂帶給生命中每一位我們碰見的人？發揮你的才華，找出快樂（不是那種了無意義的聲色歡笑，而是那種從禪觀中昇起的快樂），帶給你自己和他人。禪觀的喜悅能滋養正念、理解和愛。試著讓自己的生活方式，能激勵自己和他人的深刻快樂。「我立誓，要在早上將喜悅帶給一個人，要在下午解除另一個人的苦難。」問你自己：「今晨，我要將微笑帶給誰？」這就是製造快樂的藝術。

沙密地經的四修行

《沙密地經》講一個年輕比丘的故事。有一天大清早，沙密地跑到河邊洗澡。在他洗完澡等待身體乾時，出現一名天女問他：「比丘啊，你是如此的青春年少，爲什麼在黃金年華之際就出家呢?怎麼不出去走走,享受一下青春呢?」沙密地回答:「親愛的天女啊,我很快樂的。我依著佛陀的教導修行,快樂地活在當下、追逐紅塵中的財色名食睡五欲,不會帶來永久的快樂。我在日常生活修行正念,體驗到了深刻的平和、自在和喜悅。」《沙密地經》中討論了四種很重要的主題:快樂觀、眞喜悅、依恃的修行、情緒的陷阱。

我們的快樂觀囚禁了我們,忘了那也不過是觀念而已。我們的快樂觀可能會妨礙我們得到眞正的快樂。如果以爲快樂應該要以某種形式出現,就會錯過當下喜悅的機會。

經中所談的第二問題就是眞喜悅。那天女問年輕的沙密地比丘,爲什麼他要放棄眼前的快樂,去追求模糊不實際的未來快樂。沙密地答道:「剛好相反。我放棄的,是未來快樂這個觀念,這樣我才能好好活在當下。」沙密地解釋,不健全的欲望必然帶來焦躁和憂鬱,而一個擁有健全喜悅的生命,會在當下就帶來快樂。經中所用的名詞是「不待時節」，意思是「自時間中解放出來」。

《沙密地經》中所談的第三種重要觀念是依恃或支持的修行。依法並不只是一種觀念。若依法過生活，也就是說依佛陀所開示的理解和愛的方式生活，將會得到喜悅、寧靜、穩定、自在。依法也可以說是「自皈依」，平和的島嶼就在我們每人的心中。我們必須學會必要時怎樣回到那個島嶼。當佛陀快要入涅槃時，他對眾僧尼說：「親愛的朋友，自依止，莫異依止。返回那自己的島嶼，你將發現佛法僧。」

做自己的島嶼。
依自己的島嶼。
佛是我的正念。
照耀咫尺天涯。
法是我的呼吸，

保護我身我心。
讓我逍遙自在。

做自己的島嶼。
依自己的島嶼。
僧是我的五蘊，
清淨和合工作。
依止自己。
回歸自己。
逍遙自在。

雖說這項修行可以使用在任何地方、任何時間，但當我們感到焦躁、六神無主時，這項修行就特別有用。依此修行，可以將自己送到最平靜、最安穩的地方。自我的島嶼便是正念、覺醒的本性，也是心中穩定和平靜的基礎，照耀著人生道路。若五蘊是在和諧狀態中，我們很自然地會依帶來平和的方式做事。觀呼吸帶來這種平衡。還有什麼比這更重要呢？

經中第四個主題，談到情緒的陷阱——以爲你比別人好、比別人差或跟別人一樣平等。這些情緒的發生，是因爲我們以爲我們是隔離的自我。建築在隔離的自我上的快樂，既衰弱又不可靠。藉著禪觀修行，將會明白我們和其他所有眾生之間互依互生，恐懼、憤怒和憂鬱也將消失。如果修行眞快樂，依法修行，認知一切眾生之間的互生互依本質，你將一天比一天自在，一天比一天安穩。漸漸地，你將進入佛陀所說的那個瀰漫著愛的樂園。佛陀對愛所做的教誨，眞摯完整。這種愛永遠帶領人至眞正的快樂。

快樂不是單單一個人的事，而是有互依互存的本質。如果你能使一個朋友微笑，他的微笑也將滋潤你。你若找到了通往和平、喜悅和快樂的道路，你也是替大家找到了通往和平、喜悅和快樂的道路。首先用喜悅的感覺滋育自己。在室外做行禪，享受新鮮空氣、樹木和夜空中的繁星。要怎麼滋育自己呢？與密友商談，找出滋育喜悅和快樂的具體方法是很重要的。

若是成功做到這點，你的苦難、憂懼和悲苦心態將會開始轉變。當有害的細菌侵襲時，體內的抗體會包圍住細菌，使之變得無害。抗體如果不夠多，身體就會製造更多抗體，來抵制發炎。同樣地，若是你以得自禪觀的喜悅感覺充盈身心，你的體力和精神也會更堅強。喜悅的感覺有能力轉變心中的憂鬱和痛苦的感覺。

以喜悅滋育自己和他人

請也修行：「願我知曉，如何每天滋育在他內心的喜悅種子。」在「他」那裡填入你所選的人的名字，像是你的朋友、兄弟姐妹或是老師。很多時候，我們需要藉著與信賴的人分憂，來卸下我們的苦難。可是，我們千萬別忘了，那人或許也正在調養他自己的痛苦，也需要喜悅感覺的滋潤。如果我們一股腦兒將自己的苦難向他傾訴，他可能會被搞得筋疲力盡。想要在未來繼續受他支持，就要小心，不要將太多苦難壓在他身上。他會有忍無可忍的時候。

學著以喜悅滋育自己和他人。你有辦法使他微笑嗎？你有辦法增加他的信仰和熱心嗎？如果做不到這些，你怎麼能夠說你愛他？愛他，就是要以具體的方式，帶給他喜悅和快樂。若是有技巧，你的言行將使他感到清新自在。有的時候，一、兩個仁慈的字語，就足以使他心花怒放。

修行的開始，要選你喜歡的人，然後是你愛的人，再來是沒有特別好惡的人。一旦對那人行了諦觀，理解到他最深刻的需要，他就不會再是淡淡之交了。最後，對你痛恨的人行禪觀。剛開始時，你厭惡他，但，在你用正念對他行諦觀後，理解和了悟將帶來愛和慈悲。一度令你咬牙切齒的人，將會成爲你愛的目標。

修這項禪觀，我們的愛很快就會圍繞並滲透所有五種人，所痛恨的人跟所愛的人之間的分別將會消逝。即使是對你一度恨之入骨的人修禪觀，也會成功。這五種人將變得平等。菩薩對人不論親疏都一視同仁，即使對那些無情殘酷的人也是心無怨尤。如果不修行四無量心，你又要如何對親近和疏遠的人一視同仁呢？

「願我知曉，如何每天滋育內心的喜悅種子；願他知曉，如何每天滋育內心的喜悅種子。願我知曉，如何滋育仇敵心中的喜悅種子，幫助他自己滋育心中的喜悅種子。」如果能達到此種心境，憤怒和仇恨將從心中消失，你也會得到眞正的和平及喜悅。只要仇恨和憤怒在心中猶有餘跡，你將找不到眞正的和平。終於做到愛敵人的時候，你也許會覺得有如一代英豪，但你將明白，事實上，愛那人就是愛自己。當放開心胸，接受一度恨之入骨的人時，很自然地，你的心會隨之一寬，讓你成爲第一個受益者。平等且無歧視與偏見，才是捨的眞諦。

活得清新

「願我能活得清新、堅實、自在。」「清新」譯自於越南文，意思是「涼快、無火氣」。我們都知道，火冒三丈時有多難受。嫉妒、憤怒和毒欲就是一種火氣。《法華經普門品》說，烈火猙獰時，口念南無觀世音菩薩，烈火將轉爲蓮花池。如果有人以言語或行爲把你投入火燄中，口念觀世音菩薩，火焰將會轉變爲清涼的蓮花池。觀世音菩薩代表著愛與慈悲的能量。當身陷憤怒、貪欲和猜忌的火燄中時，禪觀四無量心，這些火燄將不再燃燒。你將發現自己暢遊於清涼、潔淨的池塘中。

當我們陷入財色名食睡五欲中，則烈火焚身。我們必須知道自己的限制。爲求保護，我們修行五正念法，並於僧團中求庇護。每年秋天，成千上萬的木鴿子結隊飛越梅村上空，要是脫隊了，落單的木鴿子就很容易受害。梅村鄰近的獵人，利用鴿子來誘引牠們，落單的木鴿子成了獵人的目標。我們也是一樣。如果以爲自己可以脫離僧團的互助，單獨過日，就是對自己的限制沒有覺知。要是知道怎樣組織僧伽、和睦共處，與僧伽共修，便有如沐浴於令人心曠神怡的清泉中。在修行的生活中，耕耘喜悅的種子是輕而易舉的。這也需要每一僧團的智慧、了悟和組織能力。如果僧團中有人可以爲僧團帶來喜悅和快樂的想法，就應該要與大家分享。

活得堅實

「願我能活得清新、堅實、自在。」「堅實」在這裡指的是穩定，涅槃的特色之一。心不穩定，事事難成。你只需要每天堅實地朝著目標踏上幾步。若你是出家人，就要記得你曾立誓要依法修行，期盼將喜悅和快樂帶給所有的眾生。想要實現誓言，便要在僧團中學習、修行、生活，每天朝那個方向，堅實地走上幾步。

每天早上，重新立志一次，以免走上歧路。入睡之前，花個幾分鐘，回想這一天：「我今天有朝理想的方向過日子嗎？」如果看到有朝那方向走上兩、三步，那就夠了。如果沒有，就要跟自己說：「明天我會做得更好。」第二天醒來，繼續朝理想方向穩步前進。不要跟別人比。只要檢討自己，看看是不是有朝著心願的方向走。

如果想要生活一天比一天堅實，就要在堅實的事物中尋庇護。依附不堅實的事物，是會跌倒的。佛法僧三寶是堅實的。在三寶中尋庇護，自會變得堅實。要在穩固的地基上蓋房子，而不要在泥沙上蓋房子。少數的僧伽並不堅實，但一般而言，在僧團中尋庇護不愧爲有智之舉。各處的僧伽成員都孜孜不倦地修行。一旦認知那穿越時空的僧伽力量，信仰將會變得更穩固。

活得自在

「願我能活得清新、堅實、自在。」「自在」在這裡是指昇華有害的欲望。出家人能享受那種自在帶來的利益。這裡的自在是指不執著一切——廟宇、學位或名望。常常，我們會碰到自由自在的人，他們可以爲所當爲，不執一切。

「願我了脫執著與憎恨，且不冷漠。」冷漠，使一切變得難以享受、了無興趣、不值努力。我們將無法體驗愛或理解，生活也會變得無趣、無意義。我們甚至不會注意到秋葉的美麗，或是鄰近兒童的笑聲，更無法接觸他人的苦難或快樂。如果你發現你爲人冷漠，就要請求朋友幫忙。生命雖苦，卻仍驚奇遍遍。生與死都是奇蹟，在生死的浪濤下，藏著無限美妙。

在我的弟子眞生過世於蒙特婁之前，我寫給他一首詩：

眞如是最終的實相。
生死怎能接觸到你？
迎向那抹微紅晨曦。
和平自然翩翩而來。

在詩的下面，我寫道：「眞生仁者，讓我握著你的手，這樣子，我們師生倆可以昇華所有的痛苦和危險。」

生，是美妙的；死也是美妙的。藏在這兩者下的最終實相，更是美妙的。如果你能與這美妙接觸，你就不會再冷淡。一點一滴地，你的態度和生活將變得堅實、自在。

「願我了脫執著與憎恨，且不冷漠。」佛陀希望我們耕耘的愛，不是佔有或執著的愛。我們所有的人，不分老少，都有執著的傾向。在呱呱墜地那刻，無明和執著已經在那裡了。每當我們愛一個人的時候，就產生佔有的傾向。在被愛的時候，則希望能得到愛人的所有注意力，不希望他去愛其他人。佔有的愛與獨裁無異。我們要控制所愛的人，主宰他能做的事、不能做的事。在健全感情關係中，是有一定的佔有和執著，但如果太多了，愛人的人和被愛的人都會受苦。

做父親的也許以為他「擁有」他的兒子。「你要完全聽我的話。讀這個，做那個，否則我就不認你這個兒子。」年輕人也許會跟他的女朋友說：「你不可以那時候去逛街，不可以用那種香水，穿那種顏色的衣服。」用這種有毒的方式去愛，彷彿是拿鍊子索住你的愛人。一度恍若宮闕的愛，卻變得與囚牢無異。當色彩開始脫落，一根根的監獄鐵鍊映入眼簾，雙方都會覺得身陷囹圄，無法逃脫。婚姻合約或許變成了不能假釋的無期徒刑。分手也好，在一起也罷，都令人難受。婚姻是如此，親子關係、朋友關係、師生關係也都是如此。愛，就是要學著保存所愛的人的自由、保持雙方的個人特色，這是最基本的。這才是佛陀教導的愛。

認出愛中的執著和佔有

要是你已經身陷一個由佔有欲、獨裁欲和執著欲控制的感情關係中，又要怎麼辦呢？修行諦觀，認出感情中的專制、執著程度。你有沒有曾經在鋤草的時候，讓鋤草機輾過了繩子？接下來，你可能至少需要一個小時才能把繩子打開，清除刀片，讓機器再發動。執著就像這樣，阻礙了生命的流動。要諦觀，去探索你的感情的本性。認出了感情中的執著、專制和佔有的程度，就可以開始解索結。移開一點點的專制、執著和佔有，便能釋出些許苦難。雖說你還是不快樂，減輕苦難是個好的開始。之前，百分之九十九的時間都在受苦；現在，就只有百分之八十的時間在受苦。這，就已經很顯著了。冷漠和缺乏愛使我們受苦，但，執著使我們受的苦更多。

少了正念，執著鐵定會變成憎恨。感情初綻時，我們以爲，沒有愛人的日子，是難以忍受的。然而，當執著變成爲憎恨之後，與愛人共度的生命卻是煎熬，分手似乎是唯一的選擇。極端的執著和憎恨都會帶來苦難。即使離婚了，或解除了親子關係，苦難的根源依然盤踞不去。覓得新歡，或是有新生的小孩，你愛中的執著和控制，仍會玷污情況，帶來相同的苦難。問題不是在於是不是要離婚或解除親子關係，而是要藉著諦觀，認清你的愛中的負面執著和佔有，明白如何改變你的觀點、愛人的方式、言行，帶來眞正的慈悲喜捨。依此修行，正面特質自會緩緩增加。

梵住的喜悅

如果依著佛陀的教誨修行，又有僧團的支持，我們將會學到慈悲喜捨的本性。這些特質的種子已經在我們的阿賴耶識中了，學習並修行四無量心，可以滋潤心中這些種子，藉著修行諦觀，苦難、痛苦、悲傷、執著的種子會萎縮，讓出空間給正面的種子。

別說：「慈悲喜捨是聖賢的愛，我既然不是聖賢，就不可能做到。」佛陀和菩薩也是跟我們一樣，如此修行，他們有辦法將這些毒素轉變爲無垠無涯、無我無別、妙不可言的愛。

佛陀對愛的教誨清晰明確。想要一天二十四小時都處在愛的境界中，不是異想天開。一舉一動、揚眉瞬目、起心動念、一言一語都可以充盈著愛。四無量心是很強的專注（三昧）：慈的專注、悲的專注、喜的專注、捨的專注。有了這些專注後，你就是活在宇宙中最美麗、最和平、最喜悅的境界。要是有人問你的地址，你可以回答：

「梵住。」也就是說，慈悲喜捨四無量心，有些五星級的飯店要兩千美元一個晚上，但梵住提供更多的快樂。這是五千星級的飯店，一個我們可以學著去愛和被愛的地方。

6

真　愛

眞愛，包含著尊重。在越南傳統中，夫妻間相敬如賓。若做到這點，這份感情可以維持很久。越文中，情和義指的都是愛。情有著許多熱情。義就有較多的平靜、理解、忠誠：你也許不是熱情如火，但你的愛較深、較堅固，較願意爲他人的快樂而自我犧牲。義是同甘共苦多年後的果實。

開始是熱情，但，共同生活在一起，學著共患難之後，你的愛更深了。熱情消退，義卻與日俱增。你對對方的理解不但更深了，而且還心懷感激：「謝謝做我的丈夫（妻子），謝謝選我做伴侶，讓我分享你最好的一面，共擔你的苦難。在我面臨困難，夜不能眠時，你照顧我。你讓我明白，我的幸福就是你的幸福。你克服一切，來助我康復。我感激莫名。」白頭偕老，是因爲有義。義，是家庭、社會眞正需要的家。有了義，你能確定你的另一半會愛你、照顧你，直到你倆都「髮蒼蒼，齒顫顫」。義，是在日常生活中，兩人攜手共建的。

行禪觀，在衆生中見到自己

透過諦觀，看看你的愛是否有情有義。你沒有辦法說，愛是百分之百的情，或是百分之百的義。事實是，兩者皆有。看著愛人的眼，深深地問：「你是誰呢？我的愛。你來到我身邊，把我的苦難當成你的苦難，把我的歡笑當成你的歡笑，把我的生死當成你的生死。你又是誰呢？讓你變成了我。爲什麼你不是那露珠、那蝴蝶、那鳥兒、那松柏呢？」要全心全意地問。之後，你必須問那個給你帶來最多苦難的人相同的問題：「你是誰，給我帶來這麼多痛苦，使我這麼氣、這麼恨？」要有理解，你就要與你所愛的人，你所謂的敵人，合而爲一。你必須煩惱他們的煩惱，受他們受的苦難，感激他們所感激的。你和你愛的，不能各行其事。他們就是你，就像你是你似的。

這樣一直觀，直到你能在世界上最殘酷的人、飢腸轆轆的小孩，或是政治犯身上，看到自己。依此修行，直到你能在超級市場、街角、集中營裡的每一個人，還有樹葉、露珠上看到你自己。行禪觀，直到你能在遙遠的銀河中的一點上，看到自己。

全心全意地去看，全心全意地去聽。如果你能做到全然當下，涓涓法雨便會落在你阿賴耶識中最深的種子上。第二天，當你在洗碗或是仰望藍天時，那種子便會萌芽，愛和理解會綻放成美麗的花朵。

化爲岩，化爲煙，化爲霧，或爲靈，
化爲乘著光速，遨遊銀河的小塵埃，
我的愛，你已到來。
你湛藍的眼在閃爍，好美，好遠。
你已踏上了爲你畫烙的路徑
從無始到無終。
你說。來這兒之前
你已走過了

百萬個生與死。
有無數次
你幻化爲外太空的爆火。
曾經，你用自己的身子
去數那山的年，川的齡。
曾經，你將自己化身爲
那樹，那草，那蝶，那單細胞生物，
還有那菊花。
但，你今晨凝視我的眼
告訴了我，你從未死過。
你的微笑邀我進入了這場遊戲，
這場沒人知道怎麼開始的遊戲，

一場躲迷藏。
喔，青青幼蟲，你莊嚴地用著身子
衡量去夏長出的薔薇枝。
我的愛，大家都說你
是今春才誕生的。
告訴我，你已經來了多久？
爲何等到現在，才讓我看到你？
含著那沉默、深奧的微笑。
喔，幼蟲！太陽，月亮，星辰就殞落了。
每當我呼氣，是誰，才知道那無限大
只能在你那嬌小的身軀找到？
你身上的每一點，

都是千千萬萬的佛土。
每一俯仰，你就在量著時間，
從無始到無終。
那偉大的苦行僧依舊佇立在靈鷲山上，
觀想著永遠璀璨的夕陽。
喬達摩，多奇怪呀！
誰說那優曇花，
三千年才開一次？
張潮的聲音，你不得不聽到，
——如果你有專心的耳朵。①

①這首詩寫於數年前，喬安娜・馬奇（Joanna Macy）認為它是首愛的詩。詩中的苦行僧就是釋迦牟尼佛。

眞愛他，就要爲他活在當下。我認識的一個十歲小男孩，他的父親問他想要什麼生日禮物，他答道：「爹地，我要你！」他父親太忙了，沒有時間陪家人。他兒子知道，父親所能給他的最好禮物，就是要他的當下陪伴。

每一句話都可製造奇蹟

只要能專注，身心合一，你所說的每一句話都可以是曼陀羅❶你不需要用梵文來說，你可以用自己的語言來說：「親愛的，我在這裡陪你。」如果你是眞的活在當下，這個曼陀羅將會製造奇蹟。你變眞實的了，你說話的對象變眞實的了，而生命也會在當下變眞實的了。你將快樂帶給自己，帶給他人。這是你能給你所愛的人最好的禮物。愛，就是要在那裡陪他，陪他們。

「我知道你在那裡，我感到很快樂。」是第二個曼陀羅。當我諦觀月兒時，我深深地呼吸，並說：「圓月呀，我知道你在那裡，我感到很快樂。」當我看到晨星時，我也這麼做。在韓國時，當我穿梭於嬌麗的春季木蘭樹中，我看著這些鮮媚的花朵，說：「我知道你在那裡，我感到很快樂。」能做到真正活在當下，知道其他人也在場，會是一種奇蹟。只要你是真的活在當下，你就有辦法認知且感激他人的存在，不管那是圓月、晨星、木蘭花，或你最愛的那個人。首先，練習正念呼吸，來復健自己。然後，緊緊坐在你所愛的那人旁邊，念出第二個曼陀羅。你會感到快樂，你所愛的那人也會同時感到快樂。這些曼陀羅可以在日常生活中修行。想要做一個真實愛人，便要修行正念呼吸，讓你真正的活在當下。

此外，還有第三個曼陀羅：「親愛的，我知道你在受苦，所以我在這兒陪你。」

---

❶原文為mantra，佛光大辭典註：「『真言』梵語mantra。音譯曼怛羅、曼荼羅。又作陀羅尼、咒、明、神咒、密言、密語、密號。即真實而無虛假之意。此於密教，相當於三密中之語密，而謂『真言秘密』。或又指佛、菩薩、諸天等本誓之德，或其別名；或即指含有深奧教法之秘密語言，而為凡夫二乘所不能者。（略）」佛光出版社，一九八九年二月三版，第四二〇一頁。

有了正念，便會注意到你所愛的人是否正在受苦。只要能緊緊靠著他坐著，說：「親愛的，我知道你在受苦，所以我在這兒陪你。」就可以帶來許多慰藉。

如果你自己在受苦難，還有第四個曼陀羅可以讓你修行：「親愛的，我在受苦，請幫幫我。」短短幾個字，有時卻因爲面子，難以啓齒，尤其是當我們以爲所愛的人便是引起我們苦難的人。若引起苦難的另有他人，就沒有什麼好難以啓齒的。偏偏那人就是他，讓這傷口又深又痛。多想躲在房間，痛哭一場。但，如果是眞的愛他，當我們這樣子痛苦時，就要請求幫忙，不要管面子問題。

眞愛沒有所謂的面子

在我的國家，有這麼一則很有名的故事，故事中有一對年輕的夫妻，因爲面子問題而飽受苦難。這丈夫要打仗去，留下身懷六甲的妻子獨守家園。三年後，這丈夫從軍中退役，妻子抱著他們的小兒子到村口迎接他。當這年輕夫婦重逢時，兩人都忍不住熱淚盈眶，喜極而泣。他們很感激祖先的保佑，丈夫就要求妻子到市場去買些鮮花、水果等供品，好回來祭祖。

當妻子買菜去時，這年輕的父親就要教他的兒子叫他爹。可是，小男孩拒絕了：「先生，你不是我爹地。我爹地每天晚上都會來，我媽就會陪他講話，一邊講還一邊哭。媽媽坐下來，爹地就坐下來。媽媽躺下來，爹地就躺下來。」年輕的父親一聽，心都冷了。

妻子回來後，丈夫看也不敢看她一眼。這年輕人於是向祖先上香、獻花果、磕頭，接著就把拜墊捲起來，不讓他妻子祭拜，因爲他相信，他妻子無顏面對列祖列宗。之後，他走出家門，飲酒度日，鎮日在村子中閒逛。他妻子無法明白他爲什麼這樣。三天後，妻子忍無可忍了，終於投河自盡。

辦完喪禮的那天晚上，這年輕的父親燃起煤油燈，他的小兒子叫起來：「這是我爹地！」他指著他父親牆上的影子說：「我爹地每天晚上都會這樣子跑來，然後我媽媽都會跟他講話，還不停地哭。我媽媽坐下來，他就坐下來。她躺下來，他就躺下來。」「親愛的，你走了太久了，我一個人怎麼帶小孩？」她向她的影子哭訴。一晚，小孩問起他父親，她就指著她自己在牆上的影子說：「這是你父親。」她想他想得柔腸寸斷。

這年輕父親恍然大悟，可是爲時已晚。如果他能問他妻子：「親愛的，我好苦呀。我們的小兒子跟我說，有一個男人每天晚上都來，你都會跟他聊天，跟他一起哭。而且，只要你坐下，他就坐下。這個人是誰？」她就有機會解釋，避免悲劇。可是，他沒這麼做，因爲他太顧面子了。

這婦人也是一樣。因爲丈夫的舉止，讓她受到很深的傷害，但她卻沒有請他幫忙。她應該照著第四個曼陀羅做：「親愛的，我好苦呀！請幫幫我。我不明白，爲什麼你正眼也不看我一眼，連話也不跟我講。爲什麼你不讓我向祖先磕頭？我到底做錯了什麼？」她要這麼做了，她丈夫就有機會跟她說小兒子講的話。但她沒有，也是因爲放不下面子。

眞愛中，沒有所謂的面子。如果你愛的人傷了你，如果你在受苦，並以爲是你最愛的人讓你受苦，就要記得這個故事。不要成爲小男孩的父親或母親。不要讓面子絆了你。修行第四個曼陀羅：「親愛的，我在受苦，請幫幫忙。」如果你眞的把他當成你在這世界上最愛的人，你就要這樣做。聽了你的話後，他會回歸自己，並修行諦觀。然後，你們兩個就有辦法搞清事情眞相，重修舊好，忘卻誤解。

回到內心的家

佛法中的禪觀，第一個目的就是要重建我們與自己的溝通。我們很少在當下陪伴自己。我們逃避自己，因爲我們不敢回家，不敢去面對那個長年受忽視、傷痕累累的小孩，以及他心中的恐懼和苦難。可是，這會是很美好的，如果我們能回家，說：「小朋友呀，我在這裡陪你。別擔心，我會照顧你的。」這是第一步。你是那個傷痕累累的小孩，在等著你回家。而且，你還是那個逃家，一直忽視你小孩的人。

回去，回去照顧你自己。你的身體需要你，你的感覺需要你，你的認知需要你。你心中那個受傷的小孩需要你。你的苦，你的痛，都需要你。你最深的願望需要你去承認它。回家吧，回去陪所有這些事。修行禪和觀呼吸。用正念來做每件事，這樣你才能真的活在當下，這樣你才能去愛。

7

諦聽和愛語

梅村夏日修行時的兒童課程

美國很多大學裡，都有一門叫「溝通技巧」的課。我不清楚他們教些什麼，但我希望這其中包括諦聽和愛語的藝術。如果你想培養眞正的溝通技巧，就應該每天修行諦聽和愛語。越南話中有一句諺語：「好話不花錢。」只要小心選擇我們說的話，就可以使別人快樂。我們說話和聽講的方式，可以帶給別人喜悅、快樂、自信、希望、信任和啓迪。

人類史上，從未有過這麼多溝通工具，有電視、收音機、電話、傳眞、電子郵件、電子網路，然而，我們仍如孤島似的，和家人或社會、國家中的其他成員之間，只有一點點的眞正溝通。戰爭和衝突多不勝數，我們必須找出再度打開溝通大門的方法。沒有溝通，就會生病，不但自己會受苦，而且還會將苦難散佈到他人身上。我們付錢請心理醫師聽我們的說話，但心理醫師也是人，也有自己的煩惱。

以諦觀來引導溝通

有一天，在法國阿爾卑斯山上一個叫「噶瑪林」的禪修中心裡，我告訴一群小孩，如果他們心中苦悶，就應該找朋友或父母訴說。小孩跟成人一樣受苦，他們也會覺得寂寞、孤單、無助。他們受這麼多苦，我們應該教他們如何溝通。

假定你的伴侶對你說了些不好聽的話，讓你感到傷害，而你也立刻頂回去，你就在冒使情況惡化的險。最好的方法，是吸氣、呼氣，將自己平靜下來，當你冷靜夠了，才說：「親愛的，你剛剛說的話傷害到了我。我想諦觀這件事，希望你也能這麼做。」然後，你可以約禮拜五晚上，兩人一起諦觀這件事。一個人諦觀苦難根源很好，兩個人諦觀它更好，兩個人一起諦觀最好。

我建議禮拜五晚上是有兩個原因。第一，你的傷口仍在隱隱作痛，如果現在就開始討論，可能太冒險了。你也許會說出一些火上添油的話。從現在到禮拜五晚上，你可以諦觀你的苦難本性，另外那人也可以這樣做。他也許會在開車的時候自問：「什麼事這麼嚴重?爲什麼他那麼沮喪?事出必有原因。」而你,或許在開車時也可以這麼做。或許禮拜五晚上還沒到來,你們之間一個或是雙方,就已經明白問題根源,可以坦然道歉了。然後,禮拜五夜晚到來,你們就可以泡茶共茗。若有約會,你們兩個都有時間冷靜、諦觀。這就是禪觀。禪觀是要冷靜下來,諦觀苦難根源。

如果禮拜五晚上到了,但是苦難還沒有被轉化掉,你不妨修行觀世音菩薩的藝術——一個傾訴,另一個諦聽。當你說話時,要婉言述說最眞切的事實,用另外那人可以理解和接受的字語。你也知道,你的諦聽一定會有好的特質,可以分解另外那人的苦難。另外一個選禮拜五晚上的原因,是因爲當你在禮拜五晚上解決了問題,你們還有禮拜六、禮拜天可以共享快樂的時光。

最好的溝通,就是最直接的溝通

假定你和家人或是社區中某人有些過節,無法快樂地和他相處。要聊一些瑣碎雜事沒問題，但若要講一些深刻的事情，就會覺得渾身不自在。然後，有一天，當你在忙著家事的時候，你注意到那人沒有幫忙，你開始覺得不自在：「爲什麼我做這麼多事，他卻一樣也沒做？」這樣一比較，你的快樂就被拋到腦後了。可是，你不但沒有跟那人說：「拜託，來幫一下忙。」卻在跟自己說：「爲什麼我要跟他講？他應該更負責才是。」你會那樣想，是因爲你心中對他已經有些看法了。最短的路，總是最直接的那條。乙可以跑去跟甲說：「妹妹，拜託來幫一下忙。」但你沒有那樣做。你把話藏在心裡，繼續責備他。

下一次，同樣的事發生時，你的反應更強了。你心中的看法一點一滴地增加，直到你受的苦太多了，不得不跟第三者講。你要的是同情，是分擔苦難。所以，你不跟甲說，卻跑去跟丙說。你跑去找丙，是因爲你以爲丙是你的盟友，會同意甲沒有好好做事。

如果你是丙，你該怎麼辦？若是你對甲已經有了某些看法，你大概會很高興找到一個跟你看法一樣的人。兩個人聊聊天，大概就會覺得好些。你們變成盟友了，乙和丙一起對抗甲。忽然間，乙和丙更加要好，兩人都覺得跟甲有些距離。而甲也會察覺得到的。

甲也許人很好。如果乙跟他說了自己的感覺，他會直接跟乙反應。但，甲不知道乙的反感。他只感到和乙之間感情愈來愈淡，卻不知道為什麼。他也注意到了，乙和丙愈來愈要好，對他卻冷冰冰的。所以，他想：「如果他們不要我，我也不需要他們。」因此疏離他們，而情況變得更糟了。一場三角對立就此成立。

如果我是丙的話，首先，我會留心聆聽乙的怨言，去理解他需要別人分擔苦難。既知最短的路程就是最直接的路，我會鼓勵乙坦率地去跟甲講。如果乙做不到這點，我會毛遂自薦，代表乙去跟甲說，不論乙是不是想要在場。

然而，最重要的，是不要四處散播乙跟我私下講的悄悄話。若是沒有正念，我也許會有意無意地，跟別人講起我所知道的乙的感覺，不用多久，全家或是全社區就會變得亂糟糟的。如果，我能鼓勵乙直接去跟甲說，或是代表乙去跟甲說，對乙跟我講的話卻隻字不對他人提，我就能化解這場三角對立。這樣一來，或許不但能幫忙解決難題，還能將平和及喜悅重新帶回家庭、社區、社會。

如果，你看到社區中有人鬩牆，你要立刻伸出援手。拖得愈久，這個結就愈難解。最好的援手，是實踐正念語和諦聽。好的溝通，能爲大家帶來平和、理解、快樂。

言語，可以是有益的或有害。如果有人說：「我愛你。」這可能是謊言，是欲望的表達。我們必須留心。佛法傳統中，正語是不做下面四種行爲：（一）不說實話，顛黑倒白。（二）誇張其詞，無中生有，將美的說得更美，將醜的說得更醜。（三）挑撥離間。對這個人說一種話，對另一個人說另一種話。（四）尖酸刻薄，侮蔑或欺凌他人。

佛法中的禪觀根本是正念。最重要的，正念可以幫助重修與自己的溝通之路。我們怕自己，有時還仇恨自己。我們和自己疏遠，沒辦法和自己溝通。

用心香溝通，仙女走出畫中

四百年前，在越南有一個鬱鬱寡歡的書生。他很年輕英俊，但他無法跟父母兄弟溝通，總覺得跟家人格格不入。他的名字是杜鵑。他很孤單落魄，心中很苦。很多人試著要幫他忙，但他有說不出的怒火，充斥著痛苦、恐懼和疑心，最後，想幫他的人走了。他不信任人也不相信有快樂這件事，孤伶伶地住在校園裡的一個小房間。

有一天早上，他跑到一間佛寺，希望能認識一些人，交些新朋友。剛到佛寺時，有一群年輕人正好從廟口走出來，其中，有一個很美麗的姑娘。他知道那姑娘就是他尋尋覓覓的另一半啊！他一心想和那姑娘交朋友，憧憬重重。所以，他不但沒進寺廟，反而尾隨那群年輕人走，但那姑娘還是不見了。

他忘不了那姑娘的美，對她朝思暮想，魂縈夢牽，忘也忘不了。然後，有一晚上，他夢到一個老人跟他講，有一個辦法可以讓他再見到那姑娘。只要他明天一大早到東市場去，好好尋找那姑娘就行了。這書生當場跳下床，眼睜睜地等著天亮，好趕到東市場去。當他到東市場去時，時間還早，所以她就跑到書鋪去買些他上課要用的書。他進了書鋪，抬頭一看，牆上掛著一幅畫，畫裡不是別人，正是他在廟口遇見的那個姑娘，一樣的臉蛋，一樣的眼睛，一樣的微笑，所以，他乾脆不買書了，卻把那幅畫買回家去。他把畫掛在牆上，愣愣地坐著，跟畫裡的姑娘講話。每天中午，他都會煮一碗很簡單的麵來吃，簡單到只是把麵放到碗裡，加入熱水，等個幾分鐘就吃了。日復一日，餐復一餐，他就只吃這麼簡單的麵，連根菜也不加。他的生活就是這麼平淡無味。

寂寞的時候，你也許會跟樹、石頭、小貓或小狗講話。跟貓住也許比跟人住容易，因爲你如果對貓惡言惡語，貓不會立刻給你還嘴。這跟杜鵑每天都瞪著畫看、跟畫中的姑娘講話是一樣的。

有一天，他決定煮兩碗清麵。他在桌上放了兩雙筷子，繼續跟畫中姑娘講著話。剎那間，他覺得那姑娘好像在對他微笑，可是他再定睛一看，卻又沒有了。然後，麵吃一半時，他就不吃了，這麵半點味道也沒。他的生命空洞無意。他再抬頭一看，這一次，他很肯定那姑娘在對他微笑。忽然間，那姑娘從畫中走了出來，問他：「這樣的麵你怎麼吃？」然後，那姑娘就消失了。過了一會兒，那姑娘又出現了，拿著一袋子的新鮮蔬菜，很快地，那姑娘就煮了兩碗可口的麵，麵裡還加了洋蔥、黑胡椒和新鮮蔬菜。你一定想像不出來，那書生有多開心。他生命中多了一個美好的朋友！是仙女下凡，她跟那書生說，她的名字是安琪娜（越文的意思是楊桃）。

可是，那書生心中有好多痛苦，他不知道要怎麼跟人溝通。他愛那姑娘，但當姑娘勸他話時，他卻不知道怎麼去聽。他也不知道要怎麼讓話中充滿著關愛。他喝很多酒，一但醉了，舉止就變得很殘暴。要是心中有很多憤怒和苦難，你也許會想把痛苦藏起來，藉著酒精或藥物來忘卻。我們不能眞的責怪杜鵑，要忍受這麼多痛苦和不安實在不容易。沒有人教過他正念生活，像是怎麼呼吸、走路，怎麼擁抱並轉變痛苦。到頭來，安琪娜不得不離他而去。要跟這麼一個充滿憤怒、痛苦、沒辦法聆聽或溝通的人生活，是不可能的事。

當杜鵑認知到安琪娜眞的走了時，他苦不堪言，恨不得了斷餘生。在他準備要自殺時，他忽然想起安琪娜曾經跟他說過的話。有一個美麗的清晨，安琪娜帶他到他們初遇的廟裡，廟裡的法師正好在說法，說怎樣用香的煙來溝通。安琪娜跟他說：「杜鵑，以後你要是想找我，就點香來溝通吧。」杜鵑於是跑到市場去，買了一包香，然後立刻就把香點燃，不只一炷，而是一口氣點十炷！他大氣喘也不敢喘地坐著等。一個多小時過去了，安琪娜還是沒有出現。杜鵑快崩潰了，可是他又想起廟裡法師在說法中說過的話。那法師提起過心香，他說，有五種心香：戒香、定香、慧香、解脫香、解脫知見香。杜鵑覺悟到，除非他學會怎麼用心香來溝通，否則他就永遠也沒辦法和安琪娜溝通。

第一種心香是戒香。五戒的第四戒談的是溝通，也就是愛語和諦聽的修行。除非能做到愛語和諦聽，否則就沒有辦法與人溝通。坐在那兒，他的一生在眼前晃過，他明白到，他一生都從未眞正與人溝通過，沒有跟父親溝通，沒有跟母親溝通，沒有跟兄弟姐妹溝通，甚至也沒有跟安琪娜溝通過。他知道，他沒有修行第四戒。那一刹那間，他有了了悟。他不再爲自己的苦而責怪父母。他認知到，他才是眞正的罪魁禍首，因爲他不曾用正念去聽、去講話，因此傷害了不少人。他接納了自己的責任。在杜鵑得到了悟那刻，他從憤怒中解放出來，心胸豁然開朗。他繼續坐在那裡，過了半小時，安琪娜都會原諒你，回到你身邊。她會走出畫像，進入你的生命。每一個人都有幾個安琪娜，我們必須諦觀我們待她的方法。怎樣跟她講話的？怎樣對待她的？有沒有使她受苦？這些都是該檢討的問題。

單單正念，就能創造愛的環境

梅村裡，有一個年方二十的沙彌叫法鏡。他出家修行只有一年四個月，但已經小有成就了，很討他同修的師兄弟姊妹歡心。法鏡是我的隨侍，他的工作是每天早上替我端來早膳，要是我要去哪兒，他就開著一輛黑色小汽車載我去。他開車很專心。他進車的時候，總是會行觀呼吸並念道：「啓動車子之前，我知道我要去哪裡。車子跟我是一體。如果車子走快了，我就走快了。」跟他在一起，總是讓我感到快樂。我們之間的溝通完美。

每天早上，我們師徒倆都會一起在沉默中用膳。有一天早上，我跟他講杜鵑和安琪娜的故事。他很高興能聽到這個故事。然後，我用正念看著他，說：「法鏡，你是我的安琪娜啊。你進入我的生命，讓我感到快樂。我發誓，我一定要讓我日常生活的方式，變得讓你永遠也不離開我。」我看得出來，他深受感動，這是眞愛的宣言。但他說：「師父，我煮不出像安琪娜那麼可口的麵。」我依舊微笑，說：「孩子啊，你不用做一個了不起的煮麵師傅來討我快樂，你有很多同修的師姊妹會煮好吃的麵。你只需要照你現在開車的方法，來載我就行了。光是這個，就已經綽綽有餘，可以使我開心了。」他很高興聽我這麼說。

在我的關房中，有一間小小的禪堂。在那裡面，掛著我所有的安琪娜的照片，其中有一百人已經走出畫中，走進我的生命。五十個出家眾，五十個在家眾，我們像一家人似地住在梅村。我們修行行禪、坐禪、觀食、觀動、正念鐘、和平條約。所謂的平和條約①，是有關溝通、憤怒和諦聽，希望藉此保障快樂及融洽。

與祖先接觸

每天晚上十點，我都會行三頂禮。首先，我會坐下來，並燃香來跟我的列祖列宗溝通。只要坐禪時間的鐘一打，我就會停下手邊的事，用行禪的方式走路。我不需要等進了禪堂，才開始禪觀。我會隨地就開始打禪，從行禪開始。我的供桌上有佛像、菩薩像以及耶穌像。我把基督當成我精神上的祖先之一。我坐下，拿出香來，儘管小

①請參閱第十章。

小一炷香很輕，我還是用雙手捧著，因爲我的修行是要以正念做每件事，百分之百地投入每一件事。做行禪時，要一步一步地走，每一步都要全心全意地走，而不是說只花了百分之五十的心思走。因爲每一個眞正的步伐，都需要身心一體。我劃一劃火柴，燃起香來，與我的列祖列宗接觸。我與我的列祖列宗變成一體。

我們都是生命之流的一部份，在上香那刻，我們知道我們在與祖先接觸。他們不只是存在供桌上，他們也存在我身上。我是我祖先的延續——包括我的血統祖先跟精神祖先。若是能與列祖列宗溝通，就不會再孤獨。每天，當我向列祖列宗上香時，我會看著我的祖母、祖父還有我所有精神祖先（我的導師、佛陀、基督）的相片。要是我與其中一個做了深刻接觸，我就是在與所有的祖先接觸。清掃供桌，就是在與祖先接觸。對我而言，這是很重要的每日修行。

在亞洲，我們每天都會上香跟列祖列宗溝通。我們不會感到脫離了祖先的生命之流，也不會感到脫離了子孫的生命之流。我們都是同一股生命之流的一部份。在我上香之後，我會坐著並且觀呼吸，凝視著那香煙裊裊。我的心很平靜，然後我會覺得我在與所有的人溝通。有好幾分鐘或者更久，我都那樣姿勢不變地坐著，接著，我睜開眼睛，站起來，向我所有的安琪娜問訊，然後才坐下來坐禪。這麼做，會讓我有一個眞切的感受，彷彿他們都統統坐在我身邊。

專心諦聽，只說愛語

安琪娜回來後，杜鵑終於能做到眞正的聆聽。安琪娜眞的成了他的同修師姊妹，在一起，他們虔心修行，快樂無比。幾個月以後，他們決定到鄰近的一個道場去。他們知道，在僧團修行會更容易、更有效。所以，他們決定到道場去，修行個幾年，好轉變他們心中的痛苦和苦難。這樣，他們才能幫助他人轉變苦難，重建平和、快樂、溝通的能力。

愛語，是修行中很重要的一點。我們只說含愛的事情，並用含愛跟非暴力的方式來述說事實。只有在心平氣和的時候，才可以做到這點。煩躁時，也許會說出一些有破壞性的話。所以，要是覺得煩躁，就應該收斂自己，不要說話。可以只做深呼吸。要是有必要的話，也可以在清新空氣中行禪，觀看那樹、雲、河流。一旦冷靜、平靜下來，我們又有能力用含有關愛的字語說話。如果，說話說到一半，煩躁的感覺又上升的話，不妨停下來，並做深呼吸。這就是正念修行。

觀世音菩薩的修行，就是諦聽每一聲、每一響，包括內在和外在的痛苦聲音。我們的修行還包括：聆聽那鐘響、風吹、水動、蟲鳴，以及一切的眾生。一旦知道了怎麼用正念來諦聽、觀呼吸，一切事物會變得清晰、深刻。

8

以正念共處

想想你的初戀，是怎麼來的，哪裡發生的，你又怎樣陷入那一刻。回想那段經驗的每一刻，用慈悲和理解，冷靜、深刻地諦觀。你會發現到當初沒注意的事。你也會發現，其實，「初戀」並不是你的第一段感情。許許多多的溪流，灌入、滋潤了你的生命之河。你的初戀沒有開始，也沒有結束，只是不斷地在轉變。你的初戀仍在當下，繼續雕塑你的生命。當你平靜、微笑、用正念呼吸時，我肯定你會明白。

觀想初戀你會看到佛陀

什麼是自我？什麼又是非自我？誰是你的初戀？誰又是你最後的一個戀人？你的初戀和你最後一個戀人又有什麼不同？江沛川滔或是河枯溪乾，全視季節。是圓是方，全視容器。春流冬冰，浩浩蕩蕩，無可知其量，源源流流，無可知其端。翡翠溪中藏龍王。冰冷池底明月圓。菩薩柳枝漫漫揮，涓涓滴滴皆慈悲。微微一滴，便足以洗滌、轉變十方世界。你能握住水的形嗎？你能找到水的來源嗎？你知道水又會終結於何方？這和你的初戀是一樣的。你的初戀沒有開始，也不會有結束。它仍然存在你的生命之流。別以爲這已是過去。觀想初戀，你會看到佛陀。

正念修行便是愛的修行。在進入任何感情關係——尤其是婚姻的互相發現旅程之前，先學會正念生活藝術是很重要的。如果你對自己認識還不深，也不修行觀照，找出你心中的花朵和垃圾（不論那些花朵和垃圾是你自找的還是得自祖先、社會的），你的婚姻難免會荊棘密佈。

每段新感情的開始，難免會令人興致勃勃、熱情洋溢，一心想要發現新事物。然而，你可能還不怎麼理解自己或對方。一天二十四小時相處，你看到、聽到、經驗到許多你從前想也沒想過的事情。戀情初端，情人眼裡出西施，你想像對方又美又好。可是，現在你的幻想一點一滴地消失，眞相一點一滴地露出，你難免會訝異。除非你們倆知道怎麼一起修行正念，觀照自己和對方，否則這段時期可能會坎坷難度。

以正念解開心結

在佛法心理學中，「結」指內在心態、枷鎖，或是束扣。譬如說，有人對我們說了不友善的話，而我們又不理解他爲什麼要這麼說，我們就會變得煩躁，一個心結就此結了下來。理解的不足是所有心結的根本。要我們的心去接納一些負面的感覺（例如：憤怒、恐懼、懊悔）是很困難的，所以，心就找出一個方法，把這一切藏在意識中的偏僻角落。我們精心製造出一套複雜的自衛結構，來否認這些感覺的存在，但這些有問題的感覺總是蠢蠢欲動，隨時想浮出。若有修行正念，就會學到，怎樣在心結一打下的那刻，就需要我們全心全意的關注，這樣，解開心結的工作才會簡單。否則的話，這些心結會愈來愈緊、愈來愈韌。

修養潛意識的內在心態，第一步是要將之提升到覺知的境界。利用禪觀、觀呼吸，來敞開那條路。也許，那些內在心態會從影像、感覺、思想、言語或行動中浮現出來。也許，我們會注意到煩躁感覺而自問「爲什麼他一說那話，我就渾身不舒服？」「為什麼我一直這樣做？」或者，「為什麼我這麼恨電影中那個角色？」仔細觀察自己，可以將內在心態一目了然。正念一旦大放光明，內在心態的面目便會顯現出來。我們可能會對持續觀察感到排斥，然而，若是有了靜坐和觀察感覺的能力，心結的頭套會緩緩地顯現出來，讓我們知道解開心結的方法。照此修行，將會認識到自己的內在心態，與自己和平共存。

和他人同住時，這項修行是很重要的。要保護彼此的快樂，就要學會怎樣在兩人一同製造的內在心態浮起那刻，就去轉變它。有一個婦人跟我說，在她婚禮過後僅三天，她丈夫就讓她在內心形成了澎湃巨大的內在心態，但她隱瞞了三十年，恐怕一跟她丈夫說，難免會有一場吵架。像這樣子沒有眞正的溝通，何來快樂？若是在日常生活中沒有正念，便會在所愛的人心中撒下苦難的種子。

然而，當雙方仍是無怨一身輕、心結不多時，這項修行並不困難。攜手同心，一起觀看引起心結的誤解，將之解開。譬如說，要是聽到丈夫對朋友大言不慚，將做過的事誇張其詞，心中不由得會鄙視丈夫，一個心結就此結下。但，如果馬上跟丈夫討論，兩個人就能得到清楚的理解，一解前結。

如果修行正念共處的藝術，便可做到這點。我們會明白，另一半跟我們一樣，心中有花朵也有垃圾，然後我們就會去接納眞相。修行，是要去灌溉花朵，而不是帶來更多垃圾。不要責怪，不要吵罵。這就像是種花，要是花長得不好，我們不會責怪花或是跟花吵架，我們會責怪自己沒有好好照顧花朵。伴侶，就是花。好好照顧，就會愈來愈美。忽視了，就會凋萎。培植花卉，需要理解花卉的本性。要澆多少水？要曬多少太陽？觀照自己，理解自己的本性。關照另一半，理解他的本性。

身心的隱私，只保留給眞愛

佛法傳統視身心爲一體。身體出了什麼事，心靈也會出什麼事。身體健全，心靈就健全。侵犯身體，就是侵犯心靈。我們以爲，生氣只在感覺中生氣，與身體無關，這不是眞的。愛一個人時，我們會想要與那人廝守，但，生氣時，我們不會想要觸摸那人或被那人觸摸。我們不能說，身體和心靈不相干。

性關係，可能是在身心深刻溝通下的舉動。這是很重要的接觸，隨便不得。你知道，在靈魂深處的某些地方（例如記憶、痛苦、祕密）是隱私的，你只願與你最愛、最信任的人分享。你不隨隨便便就跟人剖心剖腹。古京城裡，紫禁城是不能說要進去就進去的，只有皇帝和他的家人才能優游其中。在你的靈魂中，也有這麼一個地方，你不允許任何人隨便進去，只有你最愛、最信任的才能進去。

身體也是一樣的。我們不願讓別人觸摸、親近身體中某些部位，除非他是我們最信任和最愛的人。如果有人隨隨便便、漫不經心地親近我們，態度又不溫和，我們的身體和靈魂都會有受辱的感覺。如果有人用很尊重、很溫和和最關切的態度來親近我們，他就是在提供我們深刻的溝通和交流。只有在這種情況下，我們才不會有受傷、欺凌、虐待的感覺，即使那感覺只有一點點。而這種情況也只有在眞愛和承諾之下，才有可能實現。逢場作戲，偶爾的性，不能被形容爲愛。愛，是深刻的、美麗的、完整的。在性關係中，尊重是最重要的元素之一。性的交流應該像是儀式般，在正念下，與尊重、關懷、愛一起舉行。如果你只是爲欲望而行，那就不是愛。欲望，不是愛。愛，不只是負責，還有關懷的素質。

精、氣、神三能量

在亞洲，我們認爲世上有三種能量來源——精、氣、神。第一種來源是精，也就是性能量。如果你的性能量比所需的還多，身心就會不平衡，就需要重新調整。在道家和佛家中，有些修行可以幫助你調整，包括禪觀和練武。第二種來源是氣，呼吸的能量。生命，可以被形容爲燃燒的過程。要燃燒，身體中的每一個細胞都需要營養和氧氣。佛在初轉法輪中說：「眼在燒，鼻在燒，身體也在燒。」日常生活中，要藉由適當的呼吸來培養能量。我們從空氣和空氣中的氧受益，所以，我們要確保沒有污染的空氣。有些人的養氣方法，是藉著禁菸、禁語，或是在說很多話以後觀呼吸。說話的時候，要留下呼吸空間。在梅村中，只要正念鐘一響，每一個人都要放下手邊工作，觀呼吸三次。藉此，我們培養和維持氣的能量。

第三種能量來源是神，精神上的能量。夜不能眠或是憂心忡忡，都會傷神。神經系統會變得疲憊不堪，讓你無法讀書、禪觀或者做正確的判斷。睡眠不足或是煩憂過多，都會讓你心神不寧。煩惱和焦躁會消耗這種能量來源。所以，別杞人憂天，別熬夜。保健你的神經系統，防範焦躁。這些修行能培養第三種能量資源。想要好好禪觀，少不了這項能量。心靈了悟需要你的神，而神來自專注，來自知道如何培養這項能量根源。如果你的神很盛，你只需要將神專注在某樣事物上，就會有了悟。要是少了神，發射出來的專注光芒會因爲微弱而黯淡無光。這三種能量來源互有關聯，修一便可助三。這就是爲什麼觀呼吸對我們的精神這麼重要。觀呼吸，對所有的能量根源都有益。

修行正念，負起性的責任感

出家眾沒有性關係，因爲他們想將所有的能量放在禪修修行上，藉此證道。爲了要獲得證道，他們學會如何截彎闢流，將性能量轉成精神上的能量，使神更強。他們也修行觀呼吸，來增加精神上的能量。由於他們獨居，不與家人居住，他們可以將時間花在禪觀、弘法和幫助他人上。

在修行團體裡，要是沒有不當的性關係，這個團體就會穩定、平和。每一個人都需要把彼此當成同修的兄弟姊妹，互相尊重、支持和庇護。要是有人做事不負責，便會給團體製造苦難，包括整個大社區。要是做老師沒辦法克制和學生上床的欲望，就會摧毀一切，還可能會禍害數代。我們需要正念，以便得到性的責任感。因爲我們肩負許多人的幸福，所以絕不可以發生不當的性關係。做事不負責，萬事休提。修行負責任的行爲，以保持僧伽的美麗。

在性關係中，有人可能會受傷。負責任的行爲可以防止自己和別人受到傷害。常常，我們以爲只有女人會受傷，但男人也會受傷。我們要很小心。負責任的行爲，可以爲自己、家庭和社會重建穩定及和平。我們應該要花些時間，來討論有關的問題，像是孤獨、廣告，甚至色情行業。

孤獨的感覺普天下皆同。常常，我們跟人少有溝通，即使和家人也是一樣的，而孤獨的感覺將我們逼進性關係中。我們天眞地以爲，性關係可以使我們不再那麼孤單，但這不是眞的。要是跟另外一個人之間，既沒有知心的溝通或是精神的溝通，性關係只會將距離愈拉愈大，到頭來將兩個人都會被摧毀掉。這份關係會彷彿暴風雨似的，使雙方都受苦。相信性關係可以減低孤獨，跟迷信無異。我們千萬不要上當。事實是，性媾後我們只會更孤獨。

只有當心靈和精神上都有理解、交流，兩份肉體的結合才有可能是正面的。即使是在夫妻間，要是少了心靈和精神上的交流，肉體的結合也只會使兩人愈行愈遠。要是這種情況發生了，我建議你們暫停性關係，先從打開溝通開始。

想要實踐性的責任，就應該觀照愛的本性，以便明白感覺，不受它左右。有時候，我們感到我們在愛另外一個人，但那份愛，可能只是在嘗試滿足自己的自私需要罷了。或許，有了那種領悟，就會認知到，對方也需要我們的呵護，而不會再把他當成跟商品沒兩樣的發洩欲望的東西。在我們的社會中，性被當成販賣產品的工具。倘若不把他人當成也是具有佛性的另外一個人，就有可能逾越正念修行中的性責任。觀照愛的本性是很重要的。

接納對方的本來面目

在佛法中，「眞如」指的是眞本性。每一件東西都有眞如，我們藉此來認知東西。橘子有眞如，所以我們不會把橘子當成檸檬。在梅村中，我們用丙烷氣來煮飯，我們知道它的眞如本性。我們知道要是漏氣了，而偏偏有人剛好點火柴，後果可能會不堪設想。但，我們也知道怎麼利用它來煮一頓香噴噴的飯，這就是爲什麼我們會把丙烷氣邀請進來，跟我們一起和平共存。我們每個人都有自己的眞如。若想與另外一個人和平、快樂地共同生活，就必須理解自己和對方的眞如。看到了雙方的眞如，就可以毫無困難地和平、快樂共同生活了。

禪觀就是要觀照事務的本性，包括自己的本性，還有眼前這個人的本性。一旦明白了他的眞本性，我們就會發現他的困窘、渴望、苦難和不安。我們可以坐下來，握著另一半的手，深深地看著他，並說：「親愛的，我對你的理解夠嗎？我有澆灌你的苦難種子嗎？我有澆灌你的喜悅種子嗎？請告訴我，我要怎樣才能更愛你。」要是這話是打從心底說出來的，對方可能會哭出來，這是好的兆頭。這意謂著，溝通的大門，可能再一次地敞開了。

眞愛，包括有責任感——接納他的本來面目，不論是他的好還是他的壞。單單中意他最好的一點，就不是愛。我們要接納他的弱點，用耐心、理解、能量來幫他轉變。所謂的「長久承諾」，可以幫我們理解「愛」這個字。在眞愛中，只有長久的承諾。「我要愛你。我要幫你。我要照顧你。我要你快樂。我要爲快樂而努力。但只有幾天而已。」這有道理嗎？我們怕做承諾。我們想要自由。然而，如果要深深地愛兒子的話，我們就要做長久的承諾，只要活著一天，就要在他的人生旅程上幫他。我們不能只說：「我不再愛你了。」結交好朋友，也是在長久承諾。我們需要他。對想要跟我們一起分享生活、靈魂和肉體的人，更是如此。「長久承諾」一詞還不足以表達愛的深度，但我們需要說些話，讓人理解。

對彼此的強烈感覺是很重要的，但這還不足以維持快樂。沒有其他元素，你口中的愛，可能在眨眼間就酸掉了。我們需要朋友和他人的祝福，因此我們有結婚儀式。雙方的親朋好友聚在一起，目睹你們將以夫妻身份同住的事實。證婚人和結婚證書僅僅是種象徵罷了。重要的是，你們的承諾是在雙方的親朋好友目睹下做的。現在，你們將得到他們的祝福。在僧伽中的長久承諾會更強固、更持久。

親朋好友的祝福織下了一片網。你的感覺強度，不過是這網中的一條線。有著許多元素的支持，婚姻才會變得如樹木似的堅實。為了要強壯，樹送出了一條以上的樹根扎到土壤下。如果這棵樹只有一條根莖，風一吹，它就搖搖欲墜。夫妻生活也需要許多元素的支持，例如家人、朋友、理想、修行、僧伽。

婚前婚後皆要一起修行正念

在梅村裡，只要有婚禮，全社區都會聚在一起慶祝，祝福新人。婚後，每個初一、十五，夫妻倆一起誦念五覺知，提醒自己，各處親友都在祝福他們的婚姻。不論你們的關係是不是有法律效力。如果是在僧伽面前做的，婚姻會更堅固、更長遠，因為僧伽是願意以理解和愛的精神，來愛你們、祝福你們的朋友。

兩個人結婚前，應該要一起修行正念。做了夫妻後，更需要繼續修行五覺知，以表達他們的正念修行：

我們覺知到，列祖列宗、子子孫孫都存在我們身上。
我們覺知到，列祖列宗、子子孫孫對我們的期望。
我們覺知到，我們的喜悅、和平、自由、和諧，也是列祖列宗、子子孫孫的喜悅、和平、自由、和諧。
我們覺知到，理解是感情的最基礎。
我們覺知到，責怪、吵罵永遠都是無濟於事，而且還會加大彼此之間的距離；
只有理解、信任和愛才能幫助我們改變、成長。

第一項覺知讓我們看到，我們是過去祖先和未來子孫的傳承中的一部份。明白了這一點，就會知道，在當下好好照顧自己的肉體和意識，就是在照顧過去的祖先和未來的子孫。

第二項覺知提醒我們，列祖列宗對我們期望殷切，子子孫孫也是期望我們。我們的快樂就是他們的快樂，我們的苦難就是他們的苦難。有了觀照，就會知道子孫對我們有什麼期望。或許，我們還看不到他們，但他們已經在跟我們說話了。他們希望，我們的生活方式不會讓他們在出世後悽悽慘慘。越南佛教徒不視自己爲與祖先分離的個體，而視自己爲歷代祖先的延續。夫妻倆所做的事，不只是要滿足他們個人的精神和肉體需要，更是在實現歷代祖先對他們的希望、期待，爲子子孫孫做準備。

第三項覺知告訴我們，喜悅、和平、自由、和諧不只關係到個人。活著，就應該活得能讓存在身上的列祖列宗獲得解脫，換言之，讓自己也獲得解脫。如果列祖列宗不能解脫，我們不但會被自己的生活綁縛住，也會把這束縛傳遞給後代子孫。現在，是讓存在我們身上的父母祖先獲得解脫的時候了。提供他們喜悅、和平、自由、和諧；同時，我們也是在提供自己還有我們的子子孫孫喜悅、和平、自由、和諧。其中反映出佛法互生關係的教導。只要身上的列祖列宗還有受苦難的一天，我們就一天不能快樂。每當我們踏出正念的一步，自在快樂地與大地接觸，便也是在爲過去所有的祖先、未來所有的子孫踏出那一步。這前三項覺知皆是深邃的教導。我們必須持續學習跟修行，以便加深理解。

第四項覺知也是佛陀教誨中最基本的一點。有理解，就有愛。若理解到某人的苦難，自會情不自禁地想要幫忙，愛和慈悲的能量也會就此散發出來。秉持這種精神，一舉一動便會助益所愛的人快樂、了脫。然而，有時候，我們摧殘了我們所愛的人。正如那美國將軍說的，唯有讓他的轟炸機摧毀峴港，才能挽救那城市。修行，必須讓我們的一舉一動，都只會帶來快樂。光有想要去愛的意願還不夠。沒有理解，就不可能彼此相愛。

夫妻是個兩人修行團體

婚姻，組成了一個兩人的僧團，可以讓雙方修行愛；譬如說，互相照顧，使另一半如花般綻放，快樂成眞。快樂，並不是單獨一個人的事。一天裡，應該至少要修行微笑一次，爲的不只是你自己，也是爲另一半。也應該爲自己、爲另一半修行行禪。我們與無數人、無數眾生息息相關。我們的每一步、每一微笑，都會在周圍的人身上起作用。你的快樂，也是無數人的快樂。

以那橡樹爲例，它似乎很快樂，而它的快樂也是鳥兒還有我們大家的快樂。它的存在，使我們大家都受益。你的存在，你的快樂，跟我們大家都唇齒相依。你若快樂，我們就快樂。你若不快樂，我們就不快樂。你修行五覺知，不但是在爲自己，也是在爲大家。若是你深刻地實踐了在婚禮上立下的誓言，全世界都會受惠。但是，要實踐誓言，你需要同修，像是那棵橡樹、僧伽，跟我們大家。

「藉著我對你的愛，讓我表達我對全宇宙的愛、對全人類的愛，以及對所有眾生的愛。藉著與你同住，我要學習去愛所有的人、去愛所有的眾生。若我能成功地愛你，我就能愛這世上所有的人、所有的眾生。」這是眞愛的訊息。若沒學會小步小步走，有怎能跨出大步？實現這個小小僧團的和平、快樂、喜悅，應該是前一、兩、三年的目標。而同時，我們又在大僧團中，看到這小僧團。我們的修行，有來自導師、父母和朋友的幫助，更有所有動物界、植物界和礦物界的眾生的幫助。「藉著你，我向這大僧團表達我的愛。因此，我應該要有能力愛你、照顧你，使你快樂。」

記著，要在團體中修行。盡你所能，將快樂帶給風、帶給水、帶給岩石、帶給樹木、帶給鳥兒、帶給人類。有了人類，有了這種修行精神，你的結婚戒指會變成互生、堅定、愛、理解的戒指。讓自己在日常生活中，也能感到僧伽的存在，若接觸了心底的佛法僧，就會有能量去面對生活中、世事中的荊棘。這個世界需要你有正念，需要你去覺知正在發生中的事。你們倆的聚合，是個讓你們更進一步修行、獲得所需支持的機會。

學習創造快樂的藝術

我們生命中的每一刻，賜與我們生活的每一刻，都應該要活的深刻。要是學會怎樣深深地活上一刻，就會知道怎麼去活生命中的每一刻。法國詩人瑞尼・查（René Char）說：「能活上一刻，就能發現永恆。」讓每一刻都在和平中深深地、快樂地度過。每一刻都是好機會，讓我們去與世界和好，讓世界大同不再是妄想，讓世間快樂變得有可能。正念生活的修行，也可以說是快樂的修行、愛的修行。快樂和愛的能力，是生活中必須培植的。理解，是愛的最基礎。諦觀，是這項修行的最基本。

每個人都知道責怪和吵罵無濟於事，但我們會忘記。這就是爲什麼要修行五覺知。正念呼吸幫助我們在關鍵時刻停下來，不去責罵、不去吵罵。

我們所有的人都需要改善自己。結婚時，我們許下承諾，要幫助自己和另一半改變，這樣，我們才能一起成長，共享修行的果實、精進。彼此照顧，是我們的責任。我們是幫助花卉茁壯的園丁。若有理解，花卉就會長得漂亮。

每一次，當有人朝改善和成長的方向精進時，就要恭賀他，表達我們的讚許。這是很重要的。不要視任何事爲理所當然。要是另一半展露了愛與製造快樂的才華能力，我們要有覺知，要表達感激。這是灌溉快樂種子的方法。要避免說有傷害性的話，像「我不知道你是不是做得到。」或「我懷疑你行」。相反地，我們要說：「這是很難，可是，親愛的，我對你有信心。」這類的話，可以使另一半更堅強。對小孩子也是一樣的。我們必須加強孩子的自尊。要幫助孩子成長，就要感激和恭賀孩子說的、做的每一件好事。婚後的相愛方式，可以是那種一直鼓勵改善和成長的方式。

即使是十幾、二十年的老夫老妻，這項修行仍然大有必要。你們可以繼續活在正念中，繼續互相學習。也許，你以爲你對另一半已經是瞭若指掌，但事實並非如此。核子科學家花上多年心思去研究一點小小的塵埃，可是仍不敢自稱知道了一切。要是一忽略了另一半，你以爲：「我對她了解一清二楚。她沒有什麼新鮮事了。」這不是正確的。這樣待她，她會慢慢凋萎。她需要你的注意、你的呵護、你的照顧。

我們必須學習製造快樂的藝術。要是在童年時，目睹了父親或母親做出使家庭快樂的事，我們就已經知道要怎麼做了。但，要是父母不知道怎麼去製造快樂，我們可能就會不知道如何下手。所以，在同修團體中，我們試著學習使別人快樂的藝術。是對是錯並非問題，有無技巧才是問題。共同生活是種藝術。即使是滿心好意，還是有可能使另一半不快樂。有好意還不夠。我們還需要知道使另一半快樂的藝術。藝術是生命的精華。試著讓你的一言一行藝術化。正念是藝術的實質。有正念，就有藝術。這是我的修行心得。

9

口袋中的玫瑰

梅村在中秋節的活動

一想起母親，就會想起愛，兩者是分不開的。愛，是甜蜜的、溫柔的、馥郁的。沒有愛，兒童無法綻放，成人無法成熟。沒有愛，我們會衰竭，凋萎。先母撒手人寰那天，我在日記裡寫下：「此生最大不幸降臨了！」即使是垂垂老矣的人逢到喪母，也會手足無措，悵然若失。他也會有那種尚未就緒，就忽然形單影隻的感慨。和年輕的孤兒一般，他感到被拋棄了，悲不自勝。

所有歌頌母愛的詩歌都是美的，有種渾然天成的美法。即使是才疏學淺的作詞家、詩人，一碰到母愛的主題也會全心全意投入；除非是少年喪母，不知母愛爲何物，將之歌頌出來的藝人彷彿也是深受感動。頌揚母愛偉大的詩歌自古便有，天下皆然。

小的時候，我聽過一首有關喪母的詩，詩雖簡陋，至今對我仍是很重要。如果母親仍在世，只要一讀這首詩，孺慕之情就會油然而生，唯恐那遙遠但卻不可避免的事情發生。

那一年，我還是那麼小，
母親就離開了我。
我知道啊，
我是個孤兒了，
身邊的每一個人都在哭泣，
而我在默默中難過……
讓淚流下吧，
我心中的痛舒緩了些。
夜幕籠罩了母親的墳，
浮屠鐘聲甜蜜地響著。
我知道啊，少了母親，
就是少了全宇宙。

我們在溫柔的愛中游了很多年，不知不覺中，我們感到十分歡喜。唯有在一切都太遲時，才會猛然覺知。

鄉下人聽不懂城市居民口中的複雜語言。就算城市裡的人將母親形容爲「愛的寶藏」，對鄉下人而言，也太過複雜了。越南的鄉下人，拿母親跟品種最好的香蕉，或蜂蜜，或甜米，或甘蔗來比較，用最直截了當的方法來表達他們的愛。對我而言，母親就像是最好的香蕉，最高級的甜米，或是最美味的甘蔗一般。

＊＊＊＊＊

發高燒後，會有一段時間，覺得嘴巴澀澀的，吃什麼都沒味道。可是，當母親來到床邊，輕輕地替你拉好被子，伸手到你燒熱的前額（這眞的是手嗎？怎麼像是天堂的絲綢一般？）輕輕地說：「我可憐的寶貝！」只有在這個時候，你才會感到精神一振，沉浸在甜甜的母愛中。她的愛是這麼地馥郁芬芳，似香蕉，似甜米，似甘蔗。

父親的工作如山似的沉重。母親的奉獻恍若山巒清泉，洞洞沛然。母愛，是我嘗到的第一道愛，更是萬般諸愛的淵源。母親，是第一個教導我們何為愛的導師，而愛是生命中最重要的課題。要是沒有母親，我永遠也不會知道什麼是愛。多謝她，我有能力去愛我的鄰居。多謝她，我有能力去愛所有的眾生。透過她，我學到第一道理解和慈悲的觀念。母親，是萬般諸愛的基礎，許多宗教傳統都認知到這點，並向母親形象獻上深深敬意，像是聖母瑪麗亞、觀世音菩薩。在嬰兒哇哇大哭時，幾乎沒有一個母親不趕快跑向搖籃的。母親，是那溫柔甜蜜的保護神，讓所有的不快樂和煩惱消失得無影無蹤。一說出「母親」這個字，愛就會充斥著我們。愛，與信仰、行動相距不遠。

＊＊＊＊＊

西方於五月慶祝母親節。我來自越南鄉下，從未聽過這個傳統。有一次，我和禪安法師結伴參觀東京銀座，在一家書店外，我們碰到了幾個日本學生，他們是禪安法師的朋友。其中一個問了他一個問題，然後從袋中拿出一朵白康乃馨，別到我的僧袍上。我很訝異，也有些尷尬。我一點也不知道這是什麼意思，但我不敢問。我試著保持自然，心想這一定是當地習俗。

他們說完話後（我不會說日本話），禪安法師跟我就進去那家書店，那時他才跟我講，說那天是母親節。在日本，要是母親還在世，就要在口袋或領子上戴朵紅花，自傲還有母親。要是母親不在了，就要戴白花。我看看袍子上的白花，心中忽然一陣淒涼。我跟其他所有傷心的孤兒沒有什麼不同，我們都已經不能驕傲地在釦子洞上帶紅花。帶著白花的人在受著苦，念頭怎麼轉，都還是會回到母親身上。他們忘不了母親已經不在了。帶著紅花的，卻又這麼歡喜，心知母親仍在人世，可以趁她尚在世，爲時未晚時，討她開心。我發現，這是很美的習俗。我建議在越南或在西方，我們都要效法這習俗。

讓母親知道你的愛

母親，是無盡的愛之源，永不耗盡的寶藏。然而，很不幸的，我們有時會忘記。母親，是生命送給我們最美麗的禮物。如果你還有母親相伴，千萬不要等到她過世後，才感嘆：「天哪，我在母親身邊活了這些年，卻沒有好好看過她。只有蜻蜓點水似地看她幾眼，說上幾句話，要些零用錢，這個那個的。」你倒在她懷裡取暖，心情不順時，就生她的氣。你只有使她的生活更麻煩、讓她操心、讓她健康、讓她晚睡早起。許多母親因爲他們的孩子而早逝。在她的一生，我們期待她煮飯、洗滌，在我們弄得亂七八糟後整理，而我們，心裡只有成績、事業。母親已經沒有時間深看我們了，我們卻也忙得連好好看她一點也沒有。只有當她不在世時才會認知到，我們從來都沒有意識到我們有個母親。

今晚當你放學或下班回家時，或者，要是你住得很遠，在你下回探望母親時，你也許會想要走到她房間，帶著平靜、沉默的微笑，坐到她身邊。不發一語，讓她停下手邊工作。然後，凝視她一段時間。好好看著她，以便看清她，認知到她還活著，還在你身邊。拉起她的手，問一個引她注意的問題：「母親，您知道一件事嗎？」她會有點驚訝，可能還會在反問你時帶著微笑，說：「什麼呢？寶貝。」繼續凝視她的眼，安詳地微笑，說：「您知道我愛您嗎？」問這個問題，但不要等回答。就算你已經三、四十歲，或者更老，還是要像她的小孩一樣地問。你們母子倆都會歡喜，意識到你們倆都活在永恆的愛中。就算第二天她離你而去，你也不會有悔恨。

＊＊＊＊＊

在越南，每逢盂蘭盆節時，我們會聽目犍連尊者的傳說、孝順的故事、父親工作的故事、母親奉獻的故事、孝道的故事。每一個人都要祈求父母長壽，要是父母已經過世了，就祈求他們能往生淨土。我們相信，不孝的子女一文不值。然而，孝道也是源於愛。沒有愛，孝道也是虛有其表。只要有愛便夠了，沒有必要再說什麼責任。愛母親就夠了。這不是職務，這完全是自然的，跟口渴時要喝水一樣。每一個孩子都一定有母親，而母親也需要孩子。要是這個母親不需要孩子，孩子就不會需要母親，他們也就不是母子，稱他們爲「母親」跟「孩子」就是在誤用文字。

年少時，一個導師問我：「你愛母親的時候，要做些什麼？」我答道：「我要聽她的話，幫她忙，在她年紀大的時候照顧她、爲她禱告，在她永遠消失於青山後保持香火。」如今，我知道那個「什麼」是多此一舉的。你要是愛母親，就什麼也不需要做。愛她，就綽綽有餘了。愛母親，與道德或美德無關。

請不要認爲，我寫這個是在上道德課。愛母親，事關利益。母親宛若清澈的泉水，更似最好的甘蔗與蜂蜜，也如最高級的甜米，若不知如何從中獲益，則是你的不幸。我只是想要讓你注意到這點，避免讓你有一天抱怨生命空虛。要是連「母親」這個禮物也不能滿足你，就算你做到大公司的總裁或是全宇宙的皇帝，你可能還不會滿足。我知道造物主並不快樂，因爲造物主是自然而生，沒有那個福氣擁有母親。

我要說個故事。請不要說我是鐵石心腸，結果可能是我姊姊沒嫁人，而我也沒出家。無論如何，我們倆都離開了母親，一個離家與她心愛的人共創生活，另一個離家去追求他欣慕的理想。我姊姊新婚那晚，母親煩惱了一千零一件事，看起來甚至一點也不難過。但是，當我們坐下來吃點心，等著親家來迎親時，我注意到母親什麼也沒吃。她說：「十八年來，她總是跟我們一起吃，今天是她嫁入別人家之前，在這裡的最後一餐。」我姊姊哭了，頭沉沉的，差點就碰到盤子，她說：「媽媽，我不嫁了。」可是，她還是嫁了。而我，我離開母親出家去。我們在恭賀那些終於下決心要出家修行的人時會說，出家人是在追隨理解之道，但我卻一點也不覺得自豪。我愛我母親，但我又心懷理想，要追求理想，我就得離開母親——此生最糟糕的事。

不因無知或無心，遺忘了母親

生命中，往往得做些困難的決定。我們沒辦法一手一隻的，一口氣抓兩條魚；這很困難，因爲若是要接納成長，就得要接納苦難。我一點也不後悔離開母親出家去，但我很難過我要做這個決定。我還沒有機會從這個珍貴的寶藏中獲得最大的利益。每天晚上，我都會爲母親禱告，然而，若想繼續品嚐這絕佳的香蕉、最好的甜米、最美味的甘蔗卻已經是不可能的了。請不要以爲，我是在建議你們放棄事業，留在家裡陪伴母親。我已經說過了，我不想給任何道德上的建議，或是上道德課。我只想提醒你們，母親就像是香蕉、好米、蜂蜜、糖。她是溫柔，她是愛。我的兄弟姊妹啊，請不要忘了她。遺忘會帶來龐大的損失，我希望你們不會因爲無知或是無心，而需要忍受這損失。我只不過是在你的領襟上別上一朵紅花、一朵玫瑰，讓你們快樂，如此而已。

若是要我給任何建議，我只能這麼說：今晚放學或下班回家後，甚至在你下次探視母親時，帶著微笑，平靜、沉默地走到她房間，在她旁邊坐下。不發一言，讓她停下手邊工作，正坐在你身邊。好好凝視著她，以便看清她，認知到她的存在，認知到她還活著，正坐在你身邊。然後，拉起她的手，問個簡短問題：「母親，您知道一件事嗎？」她會有點驚訝，會微微笑著，反問：「寶貝，是什麼呢？」繼續凝視著她的眼，保持真摯的微笑，告訴她：「您知道我愛您嗎？」問她，但不要等回答。即使你已經三、四十歲或者更老，也要這樣簡單地問，因爲你是她的小孩。你們母子倆都會感到歡喜，意識到你們活在永恆的愛中。就算她第二天離開了你，你也不會感到後悔。

這是我今天教你們唱的歌。各位兄弟姊妹，請誦讀它，請歌詠它，這樣你才不會活在冷漠或無心中。這朵紅玫瑰，我已經將它別在你的領襟上，請感到歡喜。

10

新　生

你有沒有想愛的人？我們每一個人都想要去愛，也想被愛。如果沒有想愛的人，心可能會枯竭。愛，將快樂帶給我們自己，也將快樂帶給我們所愛的人。

你眞能改變世界？

也許，我們會想要幫助那些需要援手的人。也許，我們會想要幫助那些飢腸轆轆、肢體不健全或飽受凌虐的小孩，以解除他們的苦難。我們將這份愛放在心裡，希望有一天能夠實現這份愛。可是，要是眞的接觸到這些小孩，他們可能不怎麼惹人愛。他們或許會很粗魯，或許滿口謊話，也或許會偷竊，對他們的愛便會褪逝。我們有一個想法，以爲去愛需要援手的小孩會是美妙無比的，然而一旦面對現實，卻無法維持這份愛。當發現愛的對象不討人愛，我們會感到大失所望、羞愧交集。彷彿，我們失敗了。若是連個可憐、殘障的小孩都愛不了，我們還能愛誰？

梅村一些越裔居民，想要回去越南幫助需要援手的父老兄弟。戰爭在人們心中帶來許多裂痕、仇恨跟猜忌。這些出家眾、在家眾想要重踏故土，擁抱人群，盡一份心，來幫助消除苦難。可是，在返鄉之前，他們得做準備。他們想要幫助的人，也許不容易去愛。眞愛，必須包含那些不易相處的人、那些曾經殘暴的人。如果在回越南之前，沒有學會愛、深刻的理解，一旦發現那些人毫不友善，不但自己會受苦，還可能會仇恨起那些人。

你以爲你能改變世界，但不要如此天眞。不要以爲，你一到越南，就能與衝突中的各派系坐下，立刻建立溝通管道。或許，你能滔滔不絕地大談和諧，但若無準備，就沒有辦法將所說的付諸實現。在越南，已經有人可以舌燦蓮花把佛法說得很好，解釋說要怎樣才能重修舊好、和諧共存。然而，我們不該光說不練。若不以身力行，又將能提供人們什麼呢？

我們必須修行，讓觀點跟話語都能充滿和諧。我們必須交流觀感，以便有深刻理解，更要使用愛語，來鼓勵大家，讓大家不要互相殘害。我們一起修行走、吃、討論，這樣才能認知到愛和理解。要是做兄姐的，無法像拉著同胞弟妹的手似的，拉著大家的手，做弟妹的又怎會對未來有信心？要是弟妹說了不好的話，而你還能呼吸、微笑，那就是愛的開始。不需要特別到某地去服務。只需要藉著行禪、微笑、愛的眼神，就能在當下服務大眾。

我們想要走出去，分享所學。可是，要是不修行觀呼吸，藉此來解開憤怒、憂傷、嫉妒、煩躁等心結，又要怎麼教人呢？我們必須理解這項教導，並在每天的日常生活中修行。人們需要聽到我們是怎樣解除自己的苦難和煩躁。講起法的時候，言語必須有力。要是這言語只是來自想法、理論甚或經典，就不可能會有力。教，只能教親身經歷過的事情。

修行，轉化苦難獲新生

八年前，我舉辦了一場美國越戰退伍軍人的禪修會。其中有很多人爲他們做過的、看到的事內咎不已，我知道我必須找出一個方法，讓他們可以有個能幫助他們轉變的新生。有一個退伍軍人告訴我，在越南時，他曾救了一個身受重傷、奄奄一息的小女孩，他把小女孩帶進了直升機，可是爲時已晚。小女孩死的時候直瞪著他看，他從未忘記那雙眼睛。小女孩身上有個吊床，因爲身爲游擊隊，小女孩睡在叢林裡。小女孩死後，那位美國軍人留下了那吊床，不肯丟掉。有時候，當我們受苦時，我們會緊緊握著我們的苦難不放。那個吊床象徵著他的苦難、他的羞愧。

禪修中，那些退伍軍人圍成一個圓圈坐著，談著他們的苦難，有些人還是第一次談起這些苦難。退伍軍人的禪修需要很多的愛與支持。有些退伍軍人不肯做行禪，因爲行禪會提醒他們走在越南叢林裡的日子，在那些日子裡，他們隨時都可能會採到地雷或遭到突擊。有一個人在走的時候，總是走在最後、離其他人遠遠的，這樣，要是出了什麼事，他可以很快逃掉。退伍軍人就是活在這種心理環境中。

禪修的最後一天，我們爲過世的人舉辦了一場儀式。每個退伍軍人都寫下他認識而已過世的人的名字，然後放在我們建的佛龕上。我拿起一片柳葉，沾著水，灑在這些名字上面，也灑在這群退伍軍人身上。接著，我們做行禪，走到湖邊，舉辦一場儀式，將苦難付之一炬。那個退伍軍人原本不肯放開他的吊床，但最後，他還是將吊床投入熊熊烈火中。吊床在火中燃燒，他心中所有的罪惡和苦難也跟著一起燒。我們已經往轉變的方向走了第一步、第二步、第三步。然而，還是需要繼續往下走。

另外一個退伍軍人說，他排中所有的人幾乎都喪命於游擊隊下。苟活下來的人忿恨難度，於是在餅乾中加入爆炸物，放在路邊。一些越南小孩看到了餅乾，就撿起來吃，餅乾一入口，立刻爆炸。小孩痛苦得在地上打滾，做父母的試著要救孩子，可是卻無能爲力。小孩子因爲吃了含爆炸物的餅乾而在地上打滾、垂死的樣子，深深烙在那退伍軍人心上，二十年過去了，他還是沒有辦法和小孩子共處一室。他活在煉獄中。他說了這故事後，我給了他新生的修行。

新生並不容易。我們必須用實際的方法來轉變仇恨和心靈。我們也許會感到羞恥，但羞恥尚不足以轉變我們的心。我對他說：「你在那天殺了五、六個小孩？你能在今天救五、六個小孩嗎？世上有很多小孩，因爲戰爭、營養不良或疾病而生命垂危。你念念不忘在過去殺的小孩，但在今天奄奄一息的小孩呢？你還有你的身體，你還有你的心，你還可以做很多事，來幫助此時此刻垂死的小孩。請向愛的心靈轉醒過來，在剩餘的歲月裡，做些幫助小孩的事吧。」他答應了，這也幫助他轉變罪惡感。新生並非懇求原諒。新生，是要去改變心靈，去轉變那個讓身體、言語和心靈做出錯誤的無明，並且幫助你耕耘愛的心靈。羞恥和罪惡感將會消失，你也將體驗到活著的喜悅。萬惡之源起於心。透過心靈，讓萬惡消失。

以澆花、懺悔、訴說困難來開始新生

在梅村，我們每個星期都舉行新生的儀式。大家圍成一個圓圈而坐，圓中間放著一瓶鮮花，我們順著呼吸，等待主持開始。這項儀式共有三個部份：澆花、懺悔、訴說傷痛和困難。這項修行可以幫助防範過去幾個星期中被累積的傷痛感，並讓情況變得對社區中每一個人都安全。

我們以澆花開始。要是有人準備說話了，就雙手合十，其他人也跟著雙手合十，以表示那人有發言權。然後，他站起來，徐徐走到那花邊，拿起花瓶，再返身回到座位。他說話時，每一個字都反映出他手中的花的新鮮和美麗。澆花儀式中，每個發言人都要指出他人的健全、美妙的特質。這不是在奉承他人，我們向來只說實話。只要有覺知，就可以看到，其實每一個人都有一些美好的特質。沒有人可以打斷手握花瓶的人說話。他需要說多久就說多久，而其他的人要諦聽。說完後，他站起來，緩緩將花瓶放回房子的中央。

在第二部份中，我們懺悔所做過的傷人行爲。只要一句欠考慮的話，就可能傷害到他人。新生的儀式給予我們機會，得以回想過去一個星期中的遺憾，並且解開心結。在儀式中的第三部份，我們訴說受到的傷害。愛語，是其中關鍵。我們要的是療癒社區，而不是要在傷口上撒鹽。誠心訴說，但不含破壞性。聽禪也是這項修行很重要的一部份。當朋友們都在諦聽，而我們又坐在他們圍成的圓圈中時，我們的言語會變得更美麗、更有建設性。我們從不責怪，也不吵架。

慈悲的聆聽，也是關鍵。聆聽時，我們應發願他人能解除苦難，而不是要去批評那人跟他吵架。我們要全心全意地聆聽。即使聽到一些不實的話，還是要繼續諦聽，好讓那人能傾訴心中的痛苦，發洩心中的緊張。要是回應他，或是改正他，這項修行就不會開花結果。我們只是聆聽。要是需要告訴那人，他的看法不對，可以在過幾天後，私下平靜地跟他說，或許，在下次新生儀式中，他就會回想這個錯誤，我們也因此不需要說什麼。最後，我們唱歌或手握手，然後觀呼吸幾分鐘，結束儀式。有時候，我們以抱禪來結束。

抱禪的修行

抱禪是我自己發明的修行。一九六六年時，一名女詩人帶我到亞特蘭大機場，然後問：「擁抱佛教僧侶有關係嗎？」在我的故國，我們不是這樣來表達感情的，但我想：「我是個禪宗導師，這應該沒關係。」所以我說：「有何不可？」她就抱了抱我，可是，我卻全身僵硬。在飛機上，我決定，要是想要跟西方朋友一起工作，最好要學學西方文化，因此我發明了抱禪。

抱禪是東西合併的修行。修行時，你必須眞正地擁抱你在抱的那人。你要使懷中的人變得眞正存在，而不是僅僅爲了好看，拍拍他的背，假裝你在那裡。你要行觀呼吸，用身、心、靈去擁抱。抱禪是正念禪之一。「吸氣，我知道親愛的人正在我懷抱裡，活生生的。呼氣，他是我的無價之寶。」若是能如此深刻呼吸，擁抱著心愛的人，關懷、愛、正念的能量將會滲透他，他也將受到滋潤，如花似地綻放。

在科羅拉多州一個爲心理醫師舉行的禪修營中，我們修行抱禪。其中一個與會者，返回費城後，在飛機場擁抱妻子，而他擁抱的方法跟他從前的擁抱方法都不一樣。結果因爲這樣，他的妻子參加了我們下一場在芝加哥舉行的禪修。要做到活在當下，只須在呼吸時做正念呼吸，剎那間，你們倆都會變成眞切。這可能會是你一生中最美好的一刻。

在新生儀式後，社區中每一個人都覺得輕鬆、怡然，即使我們只做了療癒步驟的初段，我們有信心，相信只要有開始，就會有繼續。這項修行自佛陀時代就有了，當時每逢滿月和新月夜晚，各個僧團中的出家眾都會修行新生。我希望，你們會每個禮拜在家裡修行新生。

和平條約讓共同生活更和諧

另外一個可以爲家庭跟人際關係帶來和平的修行是和平條約。因爲每一怒、每一慟都會激起無數苦難，在梅村裡，我們草寫了一份和平條約，讓大家在僧伽的見證之下簽定。和平條約不只是白紙黑字，更可以幫助我們長壽、快樂地共同生活。這條約有兩部份，一部份是給憤怒的那方，另一部份是給引起憤怒的那方。我希望你們都能簽定、修行和平條約。

為求能長壽、快樂共處，
為求能持續共同潤育愛及理解，
我等在此簽訂誓約，持手並修行下列諸點：

＊＊＊＊＊

本人為憤怒的一方，在此同意：

1. 不說、不做任何可能引起更多傷害或加深憤怒之事。
2. 不壓抑憤怒。

3. 修行呼吸，並且皈依自我的島嶼。

4. 心平氣和地，在二十四小時之內，以口頭或和平條約的方式，告知引起我憤怒的一方，有關我的憤怒、苦難。

5. 預約時間（例如：星期五晚上），藉由口頭或和平條約的方式，進一步討論此事。①

---

①若在二十四小時之內，你覺得自己還不夠冷靜，不能心平氣和地說話，不妨利用這個「和平條約」的格式：

日期：

時間：

親愛的：

今天早上（下午），你說（做）了使我怒不可遏之事。我為此深受其苦。我希望你能知道，你說（做）了：

請讓我們在星期五晚上，心平氣和、開誠布公地一起關照和檢討你說（做）的那件事。

現在不怎麼開心的○○○

敬上

本人爲激起憤怒的一方，在此同意：

1. 尊重對方感覺，不予以嘲弄，並允其有足夠時間冷靜。
2. 不逼求即刻討論。
3. 以口頭或文字的方式，認可另一方的會面要求，並保證出席。
4. 修行呼吸、皈依自我的島嶼，並看清楚：
   a. 我帶有殘酷和憤怒的種子，且有引起他人不快樂的習氣。
   b. 我錯誤地以爲，若使另外一個人受苦，我的苦難便會減輕。
   c. 使他人受苦，也會使自己受苦。
5. 認知到自己的拙劣和缺乏正念後，我會立即道歉，不試求解釋，也不拖延到星期五的約會。

6. 不說：「我沒有生氣。一切都很好。我也沒在受苦。沒有什麼大不了的，至少還不值得我動肝火。」

7. 不論是行住坐臥，我都會修行觀呼吸，並諦觀我的日常生活，以求能看清楚：

a. 我做事如何拙劣；

b. 我如何以我的習氣傷害到他人；

c. 那藏在我內心的強烈憤怒種子，是如何地變成引起我憤怒的主因；

d. 對方的苦難，灌溉了我的憤怒種子，是如何地成了第二主因；

e. 對方不過是盼望解除他自己的苦難而已；

f. 只要對方還是在受苦，我就沒辦法眞正地快樂。

8. 在認知到我的拙劣和缺乏正念之後，我會立即道歉，絕不拖延至星期五晚上。

9. 若我感覺還不能平靜地與對方會面，便將星期五晚上的會面延期。

佛陀在上，僧伽正念相伴爲證，我等在此立誓遵行以上諸點且全心修行。祈請三寶加被，賜我等清明和信心。

簽名者：

年　月　日

11

五正念訓練

户外禪坐

五正念

1. 既覺知破壞生命所帶來的苦難，我立意要培育慈悲，並學習保護人類、動物、植物、礦物的生命。不論是在我的心思或生活方式中，我絕不殺生，不使人殺生，不寬恕世上任何殺戮。

2. 既覺知剝削、社會不公、偷竊、壓迫所帶來的苦難，我立意要培育愛的關懷，學習爲人類、動物、植物、礦物的福祉做事。我將修行布施，與有眞正需要的眾生分享我的時間、能量、物質。我絕不偷竊，也不佔有應屬他人之物。我將尊重他人的財產，但我也將防止他人從人類苦難或地球上任何生命之苦難中牟利。

3. 既覺知不當的性行為所帶來的苦難，我立意要培育責任感，並學習保護個人、夫妻、家庭、社會的安全和完整。我絕不在沒有愛和長期承諾之下，從事性關係。爲維持自己和他人的快樂，我立意要尊重自己和他人曾立下的承諾。我將竭力保護兒童，使之不受性虐待，也將竭力防止夫妻或家庭因不當的性行爲而破裂。

4. **既覺知無正念言語和無聆聽能力所帶來的苦難**，我立意要培育愛語和諦聽，以求爲他人帶來喜悅和快樂，且減輕苦難。既知言語能帶來快樂，也能帶來苦難，我決心要言無虛假，說能激勵自信、喜悅、希望的言語。我絕不道聽塗說，也絕不胡批亂評。我絕不挑撥離間，也絕不言能使家庭、團體鬩牆之事。我立意要竭力消泯衝突，不論這衝突有多小。

5. **既覺知無正念消費所帶來的苦難**，我立意要藉由正念的食、喝、消費，爲自己家庭、社會培育健全身心。我將只食用能在自己的身軀和意識中，或能在家庭、社會的集體身軀和意識中，維持和平、福祉、喜悅的食物。我絕不飲酒，也絕不沾染任何有毒的食物或東西（例如：某些電視節目、雜誌、書籍、電影、閒談）。我覺知到，用這些毒物來傷害我的身軀或意識，與叛祖逆親、欺世忤後無異。我將竭力藉由節制，來轉變內心和社會中的暴力、恐懼和疑惑。我理解到，適當的節制，是轉變自己、轉變社會的重要關鍵。①

我住在西方已經有三十多年，過去十五年中，我在歐洲、澳洲和北美都辦過正念禪修營。在這些禪修營中，我和學生聽到了不少苦難故事，當我們聽說有不少苦難是由酒癮、毒癮、性虐待或類似的行爲所引起的，而且還一代接一代地傳下去，不禁感傷萬分。

①請參閱一行禪師 *For A Future to Be Possible*（Berkeley：Parallax Press, rev. ed., 1997）。直到最近，我都將這些修行解釋為「precept」（戒）。可是，很多西方朋友告訴我，「戒」這個字會讓他們有強烈的善惡感，要是「破戒」，就不免羞愧萬分。在佛陀時代，shila（戒）這個字常被用來指這五項修行，但 siksha（訓練）這個字也常被使用。既然 siksha 這個字吻合修行的意思，沒有絕對的、黑白對立的涵義，我開始將這些修行翻譯為「五正念訓練」。

社會病了，而且病得不輕。如果把一個年輕人丟進社會裡，卻不去保護他，任他日復一日地受暴力、仇恨、恐懼、不安全感的洗滌，他終將病倒。我們的對話、電視節目、廣告、報章雜誌，都在灌溉年輕人（以及不怎麼年輕的）心中的苦難種子。我們感到心靈空虛，於是想要藉由吃、閱讀、說話、吸菸、喝酒、看電視、看電影，甚至過度勞動來彌補空虛。在這些事物中尋慰藉只會使我們更饑餓，更不滿足，進而想要更多。我們需要一些指南，一些預防劑，來保護我們，使我們重獲健康。我們需要找出醫治這些疾病的方法，需要找出眞善美的東西，使我們可以有所慰藉。

五正念訓練本身就是愛

開車的時候要遵守規則，這樣才不會出意外。兩千六百年前，佛陀給了在家弟子一些指示，幫助他們過著和平、健全、快樂的生活。這就是所謂的五正念訓練。有了正念，就會覺知到我們的肉體、感覺、心靈、世界中的一切，也就不會做出傷害自己或他人的行爲。正念能保護我們及我們的家庭和社會，更能確保一個安全、快樂的現在及未來。五正念訓練本身就是愛。愛，就是要理解、保護我們所愛的對象，並將福祉帶給他們。修行五正念訓練能做到這點。我們保護自己，並互相保護。

佛教界中，發願修行理解和愛，便是從受五正念訓練。在儀式過程裡，導師將五正念訓練一一念出，受戒弟子跟著念，並立誓去研究、修行、持守這五正念訓練。看到受戒弟子在受五正念訓練那刻感到的和平、快樂，眞是妙不可言。在決定受五正念訓練之前，受戒弟子也許會感到茫茫然的，但一旦下了決心，許多執著和迷惑將就此了斷。儀式後，你可從受戒弟子臉上看得出來，他已經得到不少解脫。

即使你只立誓要奉行五正念訓練之一，從你的了悟中升起的強烈決心，也將帶領你至眞正的自在和快樂。同修眾人都在場支持，見證你的了悟和決心的誕生。五正念訓練儀式有了斷、解脫和建設的能力。儀式後，如果你繼續行五正念訓練，諦觀現實，以求能對現實有更深的了悟，你的和平及解脫也將增加。你修行五正念訓練的方式，透露了你的和平有多深，你的理解和愛又有多深。

五正念訓練及三寶，絕對可以帶來快樂

若正式立誓要研究、修行、持守五正念訓練，便是皈依佛法僧三寶。修行五正念訓練，便是讓我們在齊聲表達對三寶的感激和信任。佛即正念，法是理解和愛之道，僧則是支持我們修行的團體。

五正念訓練和三寶值得我們信仰。它們絕不是抽象的，因爲我們可以學習、修行、探討、引用、並一次又一次地以我們的體驗檢討它們。研究、修行五正念訓練和三寶，絕對可爲自己、團體和整個社會帶來和平及快樂。我們人類需要信仰某些東西，某些眞善美的東西，某些我們可以接觸的東西。正念修行（包括五正念訓練及三寶）的信仰，正是可以讓大家探勘、感激並融入日常生活的東西。

在所有的精神傳統中，都有相當於五正念訓練和三寶的教法。它們來自心靈深

處，修行它們可以幫助我們更加扎根於傳統中。在你學習了五正念訓練和三寶後，我希望你能回到你的傳統，讓光芒照耀到已經存在那兒的寶藏上。五正念訓練是我們這時代的良藥。我敦促你們，照著這章開頭所說的去修行，不然，就照著你的傳統所教的去修行。

什麼是修行五正念訓練的最佳方法？我不知道。我也還在學習，與你們一起學習。我很感激五正念訓練中所用的詞語——學習。我們不知道所有的事情，但我們可以使無明滅至最低點。孔子曰：「困而學。」我認爲，這就是修行之道。我們應該要謙虛、開放，這樣，我們才能一起學習。我們需要僧團，需要一個團體來支持我們，我們也需要與社會保持緊密接觸，以便能將五正念訓練修行得當。今天有很多問題在佛陀時代並沒有。因此，我們應該一起諦觀，以求能培養了悟，幫助自己和子孫找出更健全、更快樂、更健康的方式。

要是有人問：「你在乎嗎？你在乎我嗎？你在乎生命嗎？你在乎地球嗎？」最好

的答覆便是去修行五正念訓練。這是起而行的教導，不只是口頭說說罷了。你要是眞的在乎，請爲保護自己、他人及其他生物而照此修行。五正念訓練可以說是愛的修行。因爲我們有愛，因爲我們在乎，因爲我們想要去保護，所以我們修行五正念訓練。它們象徵著我們去愛、去保護的意願。它們是正念修行的果實，以非常具體的方式顯現。若盡心力修行，我們和我們的子子孫孫將會有未來。

12

僧　團

若沒有僧團或共修的朋友，想要修行理解和愛，可以說是難上加難，甚或異想天開。在我的故國有這麼一個說法，下了山的老虎是自投羅網，自尋死路。少了共修的僧團也是如此。社會中，惑障重重，很容易使人喪意忘志，所以我們需要朋友的支持，來幫助我們接觸在心中最深刻的愛和救濟眾生的志願。

在《中阿含》及《中部經》中，目犍連尊者曾這麼說：「要是在和朋友共修時，執著有害的欲望，這很有可能就是爲什麼朋友不肯跟你講話、不願意和你切磋、不願意指導你的原因了。你的身陷惡念，使你喪失了讓僧團來教導你、指引你的機會。」目犍連尊者是在告誡我們，千萬要諦觀自己。他說，要是惡習過烈，就算有朋友想要告誡或幫助我們，也會心有餘而力不足，而我們也將身陷困境。畢竟忠言逆耳，和他們之間的感情難免會因此淡掉，進而失去了洗心革面的機會。

內在有巨大力量，才能幫助別人

去年，有一個荷蘭來的越裔男子，到梅村拜訪我們，提起說：「我的孩子沒有跟我一起來，因爲他們掉進了不健全欲念的陷阱裡。」他的孩子並非不尊敬或不關心父親，他們從荷蘭大老遠地開車載父親到巴黎，然後又送父親搭上開往梅村的火車。他們只不過被憂鬱的網子纏住，做父親的也幫不了他們。有時候，我們被不健康欲念的網路纏住，卻還以爲是在朝快樂的大道上邁進。《沙密地經》上說，這樣子的自欺欺人，帶來的只有苦難。若要掙脫不健全欲念的陷阱，禪觀和修行缺一不可。想要變得夠強壯、夠自在，好解脫自己、幫助他人，就需要有愛心、清楚的理解和巨大的內在力量。不然，我們唯一能做的，就只有憂心忡忡。

僧團中每一個人都要這樣問自己：「我有沒有被自己的毒欲網纏住？我有沒有沉溺於自己的習氣？」這就是目犍連尊者再三強調的自我檢討。

在僧團中，我們不斷地在日常生活中尋覓、製造健全的喜悅。若一天中的關愛不足二十四小時，我們會負擔不起。四無量心就是四個三昧、專注❶，日日夜夜，我們都該勤奮不懈。佛陀的教誨需要細加研究並修行不倦，這樣一來，才能將如何互相關愛、如何幫助他人了脫苦難的方法，予以發揚光大。

有很多家庭支離破碎，每一個家庭成員就像是座島嶼。有的時候，孩子年方十二就想離巢獨立，爲的是家中沒有關懷、沒有溫暖、沒有空間呼吸。四無量心的教導應該轉換成實際修行，好讓爲人父母的、爲人子女的、爲人兄弟姊妹的，都能身體力行。

不輕言放棄，當下修行

應該要利用我們的理解和愛，去擁抱甚至被我們當作敵人的人。在《華嚴經》中，普賢菩薩說了這麼一句話：「我唯一的誓言，是願留在這最苦難的世間，一世又一世，救濟眾生。」一世又一世的，我們請求諸佛菩薩留在我們身邊，救濟沉淪在苦海中的眾生。在「護身轉化頌」中，我們祈求道：「僧伽爲伴，我立誓，要長住世間，以便救濟一切眾生。」這是不輕言放棄的精神。我有時候會告訴想要離婚的夫妻說：「離或不離，這不是問題。」眞正的問題存在你們自己的心。離婚或許不是選擇，但不離婚或許更不是選擇。想吐，吐不出，想吞，又吞不進。

也許你會以爲快樂只存在於未來；但如果你能學著不逃避，你將看到，原來在當下就已經有綽綽有餘的因緣，可以讓你快樂。當下，是我們唯一可以活的時間。過去的已去了，未來的又尚未到。唯有在當下，我們才能接觸生命，深刻的活著。我們眞正的家，就在這裡，就在當下。這並不難理解，我們需要的只是些修行。修行觀呼吸，回到當下，我們便能深刻地活在這一刻，接觸當下就有的生命、喜悅、和平的奧妙。

❶據佛光大辭典註：「『三昧』梵語 samadhi 之譯音，巴利語同。意譯為等持、定、正定、定意、調直定、正心行處等。即將心定於一處（或一境）的一種安定狀態。又一俗語形容妙處、極致、蘊奧、訣竅等之時，皆以『三昧』稱之，蓋即套用佛教用語而轉意者，然已與原義迴然有別。」佛光出版社，一九八九年二月三版，頁五八〇。

唯有不再逃避，唯有開始活在當下，才能修行諦觀。我們不需要跑到未來去尋覓快樂。神的國度就在當下。在坐禪、行禪或共進膳食時，就能認知到這點。返回當下，深刻地活在當下，而且，就在訓練自己這麼做的當中，我們便能對諸事看得更深刻。當下有苦難，當下也有和平、安穩、自在。心中有和平，快樂便不遠。每一種修行應該都要能帶給我們更多的和平、安穩、自在。這些全都是獲得快樂所不可或缺的。

看的時候，我們要用「僧伽眼」來看，得知道什麼該做，什麼不該做，才能有所幫助。離群索居是不可能生存的。我們只會與別人（包括祖先子孫）「互生」。「自我」只能由非自我的元素組成。我們的憂鬱、苦難，我們的喜悅、和平，都根源於社會、自然，還有跟我們同處一屋簷下的人。若修行正念生活和諦觀，便能看到互生的事實。我希望僧團，也就是共修團體，能夠像個健全的家庭組織起來。我們需要製造一個環境，讓大家都能成功地修行。互動的人際關係是其中關鍵。就算只有一個人的支持。你也能培養穩定，之後便能接觸他人。覺知到對愛的追求，僧團的成員會以幫助我們扎根的態度對待我們。在精神家庭中，我們有第二次扎根的機會。

小家庭和修行團體結合，孕育真正的和平

在過去，人們住在大家庭裡，屋子被樹木、吊床圍繞著，有時間可以聚在一起，輕鬆逍遙一下。小家庭是近代的發明。除了父母以外，就只有一、兩個小孩。要是做父母的有了什麼問題，家裡的氣氛就會凝重，沒地方逃，沒地方喘口氣。即使孩子跑到浴室裡躲起來，那股凝重的氣氛還是會滲透進來。今天有很多小孩含著苦難的種子長大。除非我們改變這種情況，否則他們將會把這個種子又傳遞給他們的孩子。

在梅村中，小孩子是注意力的焦點。每一個成年人都有責任幫助小孩子感到快樂和安全。我們知道，要是小孩子快樂了，成年人也會快樂。我希望，像這樣子的修行社區會在西方成立起來，含著大家庭的溫馨，恍若兄弟姊妹、叔伯嬸嫂。我們的小孩是每個人的小孩，我們需要一起努力，找出互助的方法。若是做得到，大家都能享受

這項修行。

現在，只要事情一不對勁了，夫妻倆立刻就會想到離婚。有些人離婚了好幾次。我們要怎樣創造出一個支持夫妻、家庭、單親父母的團體？我們要怎樣把修行團體帶進家庭去，把家庭帶進修行社區去？

單親媽媽也許以為她自己一個人不夠穩定，因此需要有男人支持。但，很多男人在生活中也不穩定。如果她和一個也不夠穩定的人有了感情關係，她僅有的一些安穩也會煙消雲散。每當有單親媽媽到梅村來修行時，我們會鼓勵她在自我的島嶼上尋求庇護。若是她一個又一個地去追求每一個有可能的男人，她的安穩會遭侵蝕，她的子女的成長也會少了穩定的基礎。每一個人也都是一樣的。千萬別在不安穩的事情上尋求庇護。要是你這麼做了，你會喪失掉所有的安穩。認清你尋求庇護的地方：它穩嗎？

若是你成功地將小孩快快樂樂地帶大，不妨和大家分享你修行的果實。為親之道也是法門。我們需要有禪修、研討會，來討論教養小孩的最佳方法。我們不接受古代教養小孩的方法，但我們尚未完全發展出一套現代的教養方法。我們需要自修行及經驗中學習，以便孕育出家庭生活的嶄新一面。結合小家庭和修行團體也許會是個成功典範。將小孩帶進修行中心，我們都會因此而受益匪淺。若能成立一個如大家庭似的修行團體，耆老也就不需要離開社會而居。祖父母喜歡抱著孫兒孫女，述說著軼聞傳奇。這麼一來，每個人都會快樂。

修行，不是自己一個人的事

有一個在梅村修行的十四歲男孩，跟我講了一個故事。他說，每一次他跌倒了，他父親就會對他大吼。這個男孩於是發誓，等他長大了，他絕不要像這樣。可是，有一次他的妹妹在和別的小孩玩耍時，從鞦韆上掉下來，擦傷了膝蓋，這個男孩不由得大怒。他妹妹的膝蓋還在流血，他卻只想對她大吼：「你怎麼笨手笨腳的！這樣做是幹什麼？」但他阻止了自己，因爲他修行了觀呼吸和正念，可以認知到他的憤怒，不至於意氣用事。

在人們忙著替他妹妹擦藥、清洗傷口時，他緩緩走開，自己去觀照他的憤怒。忽然間，他看到自己跟他父親一模一樣。他跟我說：「我認知到，如果不想辦法應付心中的憤怒，我會把它傳遞給我的小孩。」他也明白到，他父親的憤怒種子一定是從他祖父母那兒傳遞來的。對一個年僅十四歲的孩子而言，這是個很難得的了悟。因爲他有修行，他可以這樣地看得一清二楚。和內心中的父母達成和平，就有機會跟現實中的父母達成眞正的和平。

要是和自己的家人、文化或社會有了隔閡，修行時難免會有困難。即使說，專心一意地禪觀了好幾年，只要隔閡仍在，轉變依舊困難。我們必須與他人建立起交流。佛家修行應該可以幫助我們返鄉歸家，並且接納自己故有文化中最好的事物。重新連接自己的根源，可以學習到諦觀、慈悲和理解。修行，不是自己一個人的事。我們是在與我們的父母、列祖列宗、子子孫孫一起修行。

我們必須讓心底的祖先獲得解脫。在能夠提供他們喜悅、和平、自在的那刻，我們也同時在提供自己及子子孫孫喜悅、和平、自在。如此一來，一切的束縛、歧視將被移開，接下來的，是製造一個光耀所有傳統的世界。

觀照，更需修行

深刻地接觸當下的那一刻，我們也接觸了過去，過去一切傷害都將修復。照顧未來的方法，便是照顧當下。我認識的一個法國婦人，因爲很生母親的氣，於是在十七歲那年離開家，跑到英國去住。三十年後，她看了一本佛教的書，感到一股想要與母親重修舊好的欲望，而她母親也有同樣的感覺。可是，只要她們倆一碰面，就好像炸彈轟然爆開一樣。她們的苦難種子已經被栽培了多年，一股習慣性的能量已經養成了。光是有重建和平的意願還是不夠，還需要有修行。

我邀請她到梅村來，修行用正念來坐、走、呼吸、吃、喝茶，藉著這樣的每日修行，她有辦法接觸到她的憤怒種子。修行了幾個星期後，她寫了封和解的信給她母親。因爲她母親沒有在場，寫這樣的信比較容易。她母親讀了這封信，嘗到女兒的修行果實，和平終於可能。

我們的生活方式，應該要讓每一分鐘都能新生。若大家都有修行，未來就有希望。修行諦觀，讓新生變得有可能。建設僧團，是我們學習中最重要的藝術。就算說我們的諦觀功力很強，能將經文朗朗上口，只要還不懂得建設僧團，便無法幫助他人。我們需要建設一個快樂的僧團，在裡面一切溝通無礙。要使人舒適、快樂，就要照顧所有的人，時時刻刻地覺知到他的痛、他的難、他的期盼、他的恐懼、他的希望。要做到這點，是需要時間、能量和專注的。

建立一個共修的團體

我們每一個人都需要僧團。如果尚未有一個好的僧團，不妨花些時間精力來建設。不論你是心理治療師、醫師、社會工作師、和平工作者，或者在爲環境而努力，都需要一個僧團。少了僧團，你會得不到需要的支持，很快就會筋疲力盡。心理醫師可以在康復的病患中，選出幾個對你推心置腹，視你爲朋友、手足的朋友，組成一個共修的僧團，在類似家庭的氣氛裡，一起修行和平與喜悅。你需要有共修的兄弟姊妹，以求受到滋潤、得到支持。在困難時刻，僧團能幫助你。至於你幫助他人的能力如何，可以從你周遭的人身上看出來。

我曾經見過對自己家人不滿的心理醫師，我懷疑，一旦我們需要這些醫師的幫助時，他們能做到多少。我建議，他們應該要建設一個僧團。在這個僧團中的成員，有著大病痊癒且又自疾病中受惠的人，他們也與心理醫師成了朋友。僧團的目的是要集會、共修，在和平、喜悅與關愛中，修行正念呼吸、正念生活。這對心理醫師而言，會是一道支持與慰藉的泉源。學習如何建設僧團的藝術，不僅僅是禪觀者或心理醫師才需要，我們所有的人也都需要。少了僧團，我不相信你會走得多遠。我的僧團滋潤著我。僧團支持我的任何成就，並帶給我力量。

建設僧團的第一步，找一個願意與你一起坐禪、行禪、反省、茶禪、切磋的朋友。到頭來，別人也會要求加入，你的小團體可以一個星期一次，或一個月一次地，在某人的家中聚會。有些僧團甚至會找一塊土地，在鄉下蓋一間禪修中心。當然，你的僧團中，也包括了樹木、鳥兒、打坐用的墊子、鐘，甚至呼吸的空氣——只要是支持你修行的事物。能夠與深刻修行的人共修，是十分難得的機會。僧團是塊寶。

與其抱怨共修團體，不如盡力改變自己

這其中的原則，是要以能給所有的人帶來最大快樂的方式來組織。你永遠也不會找到一個完美無瑕的僧團，一個不完美的僧團就已綽綽有餘。與其抱怨你的僧團，不如盡力轉變自己，使自己變成僧團中美好的元素。接受現有的僧團，繼續改造。當你和你的家人修行正念做事時，你們就是個僧團。要是你家附近有公園，能讓你帶著

小孩到那裡做行禪，那個公園就是你的僧團中的一部份。改進僧團的素質，從自己做起。我知道，改進我的僧團的最好辦法，是在行禪的時候，深刻地走；喝茶的時候，用正念來喝；看及接觸人事物的時候，用正念並深刻地來看、來接觸；將自己變得更寬容，讓心胸變得更廣闊。無庸置疑地，這類的修行能改進我的僧團素質。但也唯此一途而已。

僧團也是抗爭團體，抗爭瀰漫在社會中的速度、暴力、不健全的生活方式。正念是爲了保護我們和他人。一個好的僧團，可以帶領我們朝和諧、覺知的方向前進。修行的內容是最重要的，外形改變無妨。

當然，我們的僧團也有缺點。周遭有一些事物尚需改進，但僧團的主要目的是修行，修行正念，修行使得自己變得更心胸寬廣、更寬容、更關愛。這項修行可以將快樂帶給自己和周遭的人。想要將和平、快樂、寬容帶入家中，就要跟著僧團一起修行和平、喜悅、快樂。

由於他人的關愛，我們可以接納內心與周遭的清新、療癒元素。能有好的朋友，是十分幸運的。建設一個好團體，首先就要將自己轉變爲團體中的一個好元素。之後，我們可以找另外一個人，幫助他也成爲社區中的一個好元素。以這種方式，來建立社交網。我們必須把朋友和團體當成一種投資，一份最重要的財產。在困難的時候，他們可以安慰我們、幫助我們，也可以與我們一起共享喜悅和快樂。就算說銀行裡有厚厚的一筆錢，我們也會輕易地在苦難中撒手人寰。投資在朋友上，將朋友變成眞正的朋友，以及建設一個朋友團體，是更好的保障。

不要害怕去愛。沒有愛，生命就無可能。我們必須學習愛的藝術。讓走路中有愛，讓做事中有愛，讓進食中也有愛。學習用適當的方式來愛自己和他人。佛陀提供了我們光芒，在我們愛的本性上閃耀。他提供了很專注的方法，讓我們在日常生活中修行，讓愛變成愉悅的事物。這個世界非常需要愛。我們必須幫助下一位佛陀——愛的佛陀彌勒佛，來到世間。我越來越相信，下一位佛陀也許不只是一個人，他也許是個團體，一個愛的團體。我們必須互相支持，建設一個團體，在那個團體中，愛是顯而易見的。也許，這是我們爲地球的生存，所能做的最重要事情。我們樣樣俱全，只獨缺愛。我們必須更新愛的方式，眞正地學會去愛。這個世界的未來依賴著我們，依賴著我們的日常生活方式，依賴著我們照顧地球的方式，依賴著我們愛的方式。

13

接觸大地

梅村的落日

佛法中，有一項修行叫「觸地」，這項修行，可以幫助我們實現激發慈、悲、喜、捨能量的願望。在修行中，我們深深地接觸大地六次，將自己融入大地以及我們的眞性中。我們用前額、雙腿、雙手接觸大地，讓心靈和身體形成完美的一體，昇華微小的自我。放掉傲慢、思維、恐懼、反感甚至希望，進入「實相世界」。觸地法是項很有效的瑜伽修行，讓我們返回智慧的根源，不再與大地之母分開。慈、悲、喜、捨的修行，幫助我們建立起帶來健康與快樂的聯繫。

行禮者和受禮者無異

才出家不久，我就學到了這項禪觀：

行禮者和受禮者無異。

認知到這一點，奧妙的互生感油然而生。

雙手合十站在這裡，彷佛是被因陀羅的珍寶網捧著。

十方諸佛來了。

我數不盡的化身也出現了，

每一個化身都站在佛前。

「行禮者與受禮者無異。」兩者都沒有分裂的自我。若諦觀一朵花，將會看到太陽、雲朵、種子、土壤中的養分，還有其他許許多多的事物。我們理解到，花朵沒辦法以分裂、獨立的自我存在，它是由所謂的「非花朵元素」組成的。行禮者和受禮者都是一樣的本性。我是由非我的元素組成。佛陀是由非佛陀的元素組成。沒有一件事物能夠單獨地存在。每一件事物都必須與宇宙中所有其它生物互生。

行禮前，我們可以念道：「大覺世尊，你和我都有相同的本性，我們沒有分離的自我。」在你所知中，有哪個傳統是讓信徒這樣子跟創教者講話？這些都是佛陀的教誨。因爲我們都有互生的本性，我們之間的關係非筆墨所能形容。如果我不存在，佛陀也不存在。沒有佛陀，也沒有我。我們的關係是圓滿而完整的。

我們接觸大地之處，就像是因陀羅的珍寶網。因陀羅網的每一個交接處，都鑲著一顆寶珠，映照出網中的其他寶珠。看著其中一顆寶珠，就會看到其他所有的寶珠。看著一朵花，就會看到整個宇宙。十方諸佛在眼簾前浮現，也在心中浮現。我們又該向哪一方行禮呢？佛陀在我們眼前，也在我們的心底，在我們的左邊、右邊，也在我們的上面、下面。佛陀在哪裡，我們就在哪裡。我們合十向十方行禮，東、西、南、北、東北、西北、東南、西南、上面、下面，同時也向第十一方行禮——我們的內心。深深的一鞠躬，恭敬地向這十一方的佛、法、僧行禮：

帶著全心全意

禮向十方的佛、法、僧，

禮向內心的佛、法、僧，
也禮向一切諸法界的佛、法、僧，
超越過去、現在、未來，
接觸著大地和周遭，
我以全副身心皈依。①

當你用這種精神來接觸大地的時候，孤單與疏離將消逝，分裂的自我將由深邃的一體感取代，那是橫越時空、與所有眾生合而爲一的一體感，涵蓋已出世或尙未出世的眾生。這樣子行禮不但不會減低你的人格，更能重建你的完整，將你與心底的覺醒本性連接起來。

與大地融合，激發出深邃的能量

接觸到大地時，要緊緊的貼著大地，讓自己變成大地，彷彿自己被融入大地似的。如果是在室內修行，不妨用一張蓆子，以免地板上的灰塵跑到身上。試著待在大地上或蓆子上至少三、四分鐘，愈能貼近大地、融入大地愈好。讓自己變成空，以便變成萬物。

在修行觸地法兩、三個月後，你就會深深地感到清新、強壯、健康。你將有能力去愛生命、去微笑，因爲心底的仇恨和惡意的能量消散了。觸地法有六項。在第一項中，要對自己做深刻的觀照。在第二項中，要看到自己和其他眾生之間的關聯，包括那些生活在僅有咫尺之距的眾生。到了第五項觸地法，就有能力眞摯地去喜愛那些曾

①請參閱一行禪師所著 *The Blooming of a Lotus*. p.136（chap. 4, n6）

討厭過的人。所有的仇恨和憤怒都將煙消雲散，只想著要讓那些曾經令我咬牙切齒的人，也能一起分享快樂、和平的生活。我們能做到這一點，最主要的是因爲我們能夠愛自己。修行觸地法和隨伴的六項禪觀，將會在我們心裡激發深邃的愛與接納。若是有辦法去愛那些曾經陷害過我們的人，我們就有辦法認知到：「愛，是怎樣的一個奇蹟啊。」

第一項觸地法

帶著感激，我向血緣家庭中的列祖列宗行禮。我看到了父親和母親，他們的血、他們的肉、他們的生命力都在我的血管裡流動著，滋潤著我身體裡頭的每一個細胞。透過他們，我看到了我四位祖父母。他們的期盼、經歷和智慧，經歷了這許多代的傳承。我的心底，有著各代的生命、血液、經歷、智慧、快樂和憂鬱。我在修行，要去轉變那苦難，以及所有需要被轉變的元素。我敞開我的心、我的肉、我的骨，迎接那由列祖列宗傳遞給我的了悟、愛和經驗的能量。我在父親身上看到了我的根，我在母親身上看到了我的根，我在祖父身上看到了我的根，我在祖母身上看到了我的根，我在列祖列宗身上看到了我的根。我知道，我不過是香火傳承中的一點。請支持我、保護我，並將你們的能量傳遞給我。我知道，有兒孫的地方，就有祖先。我知道，做父母的永遠都愛、都支持他們的兒孫，然而，他們受過的困苦，使他們不能善巧地表現出愛和支持。我明白，列祖列宗試著要闖出一個充滿感激、喜悅、信心、尊敬和慈愛的生活方式。身爲這香火傳承中的一點，我深深一鞠躬，讓他們的能量流過我的身體。列祖列宗啊，請賜我支持、保護和力量。

如果你像株失根的樹般受著苦，那是因爲你跟你的家人、家族源流失去了接觸。

觸地法讓你有辦法，重新吸收列祖列宗流傳下來的能量之源。

「帶著感激，我向血緣家庭中的列祖列宗行禮……」第一步，讓鐘聲先響起。邊念，邊伏下觸地。如果是大家一起修行，那就在大家行禮時，讓其中一人念著這個禪觀法。記著，這些話不過是指引罷了。若要自行加上一些適合自己情況的字語，倒也不妨。「我看到父親和母親」觸地那一刻，要全神貫注，將父親和母親帶到意識的前端，而不僅僅是想像他們的形象。你是你父母的延續。你「是」你的父母。因此，生父母的氣是毫無道理的。「透過他們，我看到了我的四位祖父母……」觸地那刻，你不但看見了你的父母，透過他們，你也看到了內外祖父母。如果看著照片能幫助你觀想，那就用祖父母、曾祖父母的照片也無妨。凝視照片的時候，要微笑。若能理解到祖父母及曾祖父母都還活在你身上，一股深刻的相連、相通的感覺會油然而生，那是很有療癒功效的感覺。

與父母、祖先接觸，得到療癒的力量

第一項觸地法對那些怨恨父母或是祖先的人，可以是一劑很重要的藥方。你療癒的所需，都可以在其中發現到。在你身上，流著你所有列祖列宗的生命、血液、經驗、智慧、快樂和憂慮。你有著他們的健康和精力。若是你的曾祖父活到了九十歲，你也可以活那麼長。爲何不以他爲榜樣呢？說什麼你會夭壽早逝，實在是無稽之談。觸地的那刻，不妨對你的曾祖父說：「曾祖父啊，請保佑我像您一樣健康長壽。」和列祖列宗建立起聯繫時，你將會釋放出龐大的能量。你將有辦法看到他們的微笑，看到他們樸實健康的生活方式。他們的特質也在你身上，只要你知道如何把它們帶出來。

看到父母及祖父母所受過的苦難、悲痛時，你知道，這些苦難也存在你身上。感謝精神家庭，你學會了怎麼去轉變父母、祖父母及列祖列宗的痛苦。若是他們有未了的心願，你和你的子女可以立重誓，發誓要完成他們的心願。當你轉變了自己的苦難，實現了自己的夢想，你便也是在替列祖列宗、子子孫孫，了結他們的苦難，實現他們的夢想。你的修行，也是在替前代、後代修行。

觸地那刻，你也接觸了列祖列宗傳承給你的一切了悟、愛和經驗的能量。不僅藉著心靈，同時也藉著身體，你敞開自己，迎向那已存在你內心的種子，那慈、悲、喜、捨的能量。

「我在父親身上看到了我的根，我在母親身上看到了我的根，我在祖父身上看到了我的根。我知道我不過是香火傳承中的一點。」這句話不是說說而已，這是事實。存在你父母及列祖列宗身上的穩定、和平、喜悅、信仰的元素，也存在你身上。你父母知道也好，不知道也罷，這些元素都藉著基因和文化傳遞到你身上了。在越南，我們說：「來吧，來接受你的家庭傳承。」「請支持我、保護我，並將你們的能量傳遞給我。」這些話，涵義匪淺。你要求分享那些能量，然而，事實上，那些能量已經在你身上了。

「我知道，有兒孫的地方，就有祖先。」越南文化保留了一句有好幾個世紀之久的諺語：「有兒孫的地方，就有祖先。」如果你住在北美，你的祖先也跟著你到北美，雖說終其有生之年，他們從未踏足北美。但，他們從未死去。他們在你身上繼續著。你笑，他們也笑；你哭，他們也哭。你恨，他們也恨；你放棄，他們也放棄。那是佛陀的智慧。

「我知道，做父母的永遠都愛、都支持他們的兒孫，然而他們受過的困苦，使他們不能善巧的表現出愛和支持。」有些人怨懟父母，因爲他們的父母做不到把愛表達出來。然而，愛，依舊在他們的阿賴耶識中。天下無不愛子女的父母，即使在外表上，他們仇恨、排斥甚至意圖殺害他們的小孩。被掩埋起來的愛，是一代接一代傳遞下來的。如果父母、祖父母、列祖列宗不愛、不保護他們的子孫，又有誰會愛、保護他們呢？

稚嫩的香蕉樹只有兩片葉子。當第三片葉子長出來後，先前的兩片葉子將滋育這第三片葉子，它們呼吸空氣、吸收陽光，使第三片葉子得以綻放、成長。第四片葉子長出來後，第三片葉子也加入了前兩片葉子，一同滋育這新生者。就這樣子一直不斷的增加，直到這香蕉樹茁壯爲止。那時，先生的葉子將開始凋零，但它們所累積的能量，卻在後生的葉子中生生不息。諦觀新生的葉子，你將看到先前的葉子，理解到它們從未消失。諦觀自己，將會看到父母、祖父母、列祖列宗的能量。如果，能量並未在你身上累積，這些能量又會上哪去？繼續仇恨、排斥父母，是無益之舉。或許，你的父母面臨重重困苦，於是將怨氣發洩在你身上，吼你、責罵你、排斥你、使你的生活苦不堪言。即使如此，你也沒辦法宣稱你不是他們的傳承，你從未受過他們的滋育與保護。

對父母心懷怨懟的人，需要對他們的怒氣仔仔細細做諦觀。長久以來，西方人士信從如此極端的個人主義，使得不少人疏離了自己的父母、列祖列宗及社會。「我明白，列祖列宗試著要闢出一個充滿感激、喜悅、信心、尊敬和慈愛的生活方式。」諦觀無數世代所做出的努力。我們站在這個地球上，我們呼吸，我們觀賞樹木與花朵。

藉此，我們也看到了代代先人。想要將自己跟他們分開，是不可能的。那種以爲我們是單獨、孤立的想法，是種幻覺，將帶來許多苦難。「身爲這香火傳承中的一點，我深深一鞠躬，讓他們的能量流過我的身體。列祖列宗啊，請賜我支持、保護和力量。」現在，鐘聲會敲起，我們也站了起來。

在第一項觸地法中，你做到了重新與你的列祖列宗接觸。只要照此修行幾個禮拜，你就會感到一股新生的活力，孤獨和被排斥的感覺將消失。你將再次感覺到對父親、對母親的愛，也或許，這是你第一次感覺到對他們的愛。而你，也將有辦法開始愛自己、接納自己。

做完第一項觸地法後，先站著做五、六次的吸氣呼氣，然後再開始做第二項修行。再一次的接觸大地，念道：

第二項觸地法②

帶著感激，我向精神家庭中的列祖列宗行禮。在自己的身上，我看到了我的導師；他教我愛與理解之道，以及呼吸、微笑、寬恕、深刻活在當下之法。在我的導師身上，我看到了世世代代的導師，世世代代的菩薩，還有那在兩千六百年前創建這精神家庭的釋迦牟尼佛。我將佛陀當成我的導師，也當成我的精神祖先。我看到，佛陀和世世代代導師的能量進入了我，在我內心製造和平、喜悅、理解及慈愛。我知道，佛陀的能量深深地轉變了這世界。若無佛陀及所有的精神導師，我將不知道如何修行，如何將和平與快樂帶入我的生活、我家人的生活，以及社會裡。我敞開我的心，我的身，去迎接世世代代的佛法僧所帶來的理解、慈愛與保護的能量。我是佛法僧的延續。精神祖先啊，請賜給我，你們無限的能量之源、和平之源、安定之源、理解之源、愛之源。我立志，將藉著修行，轉變內心和這世界的苦難，並將他們的能量傳遞給後代的修行者。

精神導師的諦觀

「在自己的身上，我看到了我的導師；他教我愛與理解之道，以及呼吸、微笑、寬恕、深刻活在當下之法。」觸地那刻，你看到了你的導師，很清楚地看到了他的臉。若他已過世，那麼每天早上當你燃起香、用正念呼吸、凝視他的照片時，千萬別以為這只是空洞的儀式。在佛壇（也就是你的精神祖先及血緣祖先的神龕）前上香，是眞摯的修行。你的身心平靜安詳。握著香，你知道這樣做是爲了要跟精神祖先聯繫。凝視導師的眼，你知道，你是他的延續。你看到了你的精神源流。或許，你的導

②第二項觸地法是為感激佛陀教誨的人而設，向佛教傳統中的先賢致敬。另外，我們也可以修行第六項觸地法，向猶太教、基督教或自己的傳統的根源致敬。

師有些什麼短處過失，但他仍是你的導師，在他身上仍含蘊著代代留傳下來的智慧。

在神龕上擺放精神祖先、血緣祖先的照片是件很好的事。即使只有擺放一張代表你所有精神祖先的照片，也是助益匪淺。看著他的臉，他的聲影一一浮現。這些聲、這些影，可以幫助你聯繫你的精神祖先。佛龕上可以擺放兩、三張照片，至少也得有一張。請在點燃香的每一刻保持正念。眼睛與照片接觸，對你的導師微笑，說：「導師啊，這炷香是爲您點的。」

在導師身上，看到了世代的導師

「在我的導師身上，我看到了世世代代所有的導師。」剛開始，你看到了導師的導師的影像。若是看得到你的導師，你也可以看得到他的導師。若是沒有他的導師，也不會有你的導師。要是你有這個福報，曾跟隨在導師的導師身邊，這項禪修將是輕而易舉的。聲音、影像及回憶，使諦觀更容易。恭請精神家族中的其它導師，一一呼喚他們的名字。如果曾經和其他的精神長老、導師學習過，就會有更清晰的概念，知道他們是誰。你知道，沒有他們，就沒有今天的你。由於他們，你可以在今天學習如何呼吸、微笑、禪修、轉變苦難。當你一一呼喚他們並行諦觀時，你與他們之間很自然地就有了聯繫，他們的能量將在你自己的血液中顯現出來。就算說，某些長老和你的父母、祖父母一樣，有著短處過失，你仍然有辦法接納他們。

「我將佛陀當成我的導師，也當成我的精神祖先。」佛陀是你的精神祖先。和佛陀之間，你可以感覺到一股親密關係，而不是把他當成遙不可及的神明或歷史人物。身爲凡人，你是佛陀的兒女，透過你的導師和精神長老，佛陀將無數珍貴珠寶傳遞給你。看清楚啊，佛陀就在你身上。明白了這點，你將接受到佛陀的能量——正念。在禪觀佛陀時，你也在禪觀佛陀所有的導師。雖然他們的理解不如佛陀深刻，在修行之初，佛陀也依靠他們的指引與支持。佛陀也有根。和我們大家一樣，佛陀也有父母、祖父母和導師。在前世時，燃燈佛是佛陀的導師，開始了佛陀的修行。這就像善財童子一樣，他曾跟隨過五十三個導師，包括外教的導師以及年紀尚輕的導師。

「我看到，佛陀和世世代代導師的能量進入了我，在我內心製造和平、喜悅、理解及慈愛。」你若有任何和平、理解和愛的能量，這得全歸功於你的精神祖先。一旦明白了這點，你全身上下將充盈著他們的能量。

「我知道，佛陀的能量深深地轉變了這世界。」儘管佛法傳到西方為時不久，但已經有了很重要的影響。佛法是在二世紀傳入越南的，它美化了越南的精神生活與文化，造福了全國。就算是非佛教徒的越南人，血液中也流著佛陀的精華。兩千年來，越南人民受到佛陀的愛、慈悲與理解的影響。在越南，看到老婦人輕輕撫拍著斷了枝的樹木，並不足為奇。她的輕撫，是愛與慈悲之源流製造出來的，那股源流滲透在越南人民中已有數代之久。佛法開化了越南人民，這在李氏皇朝及陳氏皇朝更是顯而易見的。在這兩個皇朝中，佛法精神鼓舞了上至天子、下至百姓的所有人。比如說，李朝時，有一個善巴的戰犯被認出是佛法導師，他立刻被尊為國師，那就是草堂禪師。

這個例子顯現出非常開放的態度。「若無佛陀及所有的精神導師，我將不知道如何修行，如何將和平與快樂帶入我的生活、我家人的生活，以及社會裡。」在修行觸地法的時候，與精神家庭的聯繫是不可或缺的。如果我們唯一的家，就只是血緣家庭，那麼，我們永遠也不會有快樂。我們都需要兩個家庭——血緣家庭和精神家庭。當你的血緣家庭起困擾時，精神家庭可以伸出援手；當你的精神家庭遭逢困難時，血緣家庭可以提供慰藉。少了其中一個家庭，就會覺得像孤兒似的，因此，有智慧的都有兩個家。如果你的信仰不是佛教，請修行第六項觸地法。

第三項觸地法

帶著感激，我向這片大地以及開闢這片大地的所有列祖列宗行禮。我看到，我是完整的，被這片大地以及所有曾來過這片大地的萬物保護著、滋育著，他們的辛勞使得我的生活更輕鬆容易。我看到，喬治．華盛頓、湯姆斯・傑佛森、亞伯罕・林肯、朵絲・戴、金恩博士以及所有爲人知、不爲人知的人們。我看到有人讓這個國家成爲如此多不同祖裔、膚色的種族的避難所；我看到，有人藉著才華、毅力和愛，勞心勞力來蓋學校、建醫院、造橋鋪路，以求保護人權、研發科技、追求自由與社會公理。我看到，我與北美原住民祖先做接觸，他們在這片大地上住了這麼久，知道怎麼跟大自然和平、和諧地共存，保護這片大地上的山林、動物、植物與礦物。我感覺到，這片大地上的能量滲透了我的身體與靈魂，支持我、接納我。我立志，要培育這份能量，將它傳遞給未來子孫。我立志，要貢獻心力，去轉變那深扎在社會集體意識裡的暴力、仇恨與迷惑，讓後代子孫可以擁有更多的安全、喜悅與和平。大地啊，請賜我保護與支持。

身在美國的修行者，不妨在第三項觸地法中用這些話。不論你身在哪一個國家，都要接觸那個國家神聖的大地、水、空氣。如果你身在德國，就禪觀德國；如果你身在越南，就禪觀越南。每一片大地，都有苦難與成功的歲月。不論你身在何處，都要與那片大地上的空氣、山林、河川、果實、蔬菜、穀物接觸，它們不但滋育了你，也在這片大地上的歷史與發展中扮演了重要的角色。

「我看到，我是完整的，被這片大地以及所有曾來過這片大地的萬物保護著、滋育著，他們的辛勞使得我的生活更輕鬆容易……我看到，我在與北美原住民祖先做接觸，他們在這片大地上住了這麼久，知道怎麼跟大自然和平、和諧的共存，保護這片大地……」美國人也許是白人、黑人、褐人或黃人，但他們的祖先都包括了第一批在美國大地上定居的印第安人。「我看到，喬治・華盛頓、湯姆斯・傑佛森、亞伯罕・林肯、朵絲・戴、金恩博士以及所有爲人知、不爲人知的人們。」這些都是你可能記得的美利堅合眾國的領袖公民。或許，你也會想要提起某些特定的人。「我看到有人讓這個國家成爲如此多不同的祖裔、膚色的種族的避難所……」在美國也好，在越南也好，都有很多不同族群，許多少數民族爲國家的建設付出了極大的貢獻。

修行時，與祖先及大地做聯繫

「我看到，有人藉著才華、毅力和愛，勞心勞力來蓋學校、建醫院、造橋鋪路，以求保護人權、研發科技、追求自由與社會公理……」你必須要有能力，去看到這些所有的努力。譬如說，當你吞下一顆胃藥時，應該要覺知到，這顆藥不是天上掉下來的，它是好幾代的研究成果。在吃又甜又鮮的蘿蔔時，你要看到，這也是好幾代的血汗聚集而成的。每一片麵包後面，都有著數千年的歷史。在越南，吃麵的時候，我們都覺知到，碗中的麵也有它自己的歷史。做母親的不是天生就知道怎麼去煮可口的麵，這是好幾代傳遞下來的知識。每一塊蛋糕、每一道菜，都有著自己的歷史。我們祖先的快樂，已經成爲我們自己的快樂了。

在美國，被人以奴隸身份帶進來的非裔人士，爲開墾這片大地、建設道路、學校、醫院等等，付出了巨大的心血。有覺知的歐裔和亞裔的美國人，都會看到非裔美國人所付出的勞力、汗水、淚水。非裔美國人是所有美國人的祖先。在法國也是一樣的。法國不單單屬於法裔人士。事實上，要找一個純法國人是不可能的，因爲法國是由許多非法國的元素所組成。法國科學家居里夫人來自波蘭，歌星依夫・蒙東來自義大利。我們的同胞、國家和祖先，來自許許多多不同的種族與淵源。

修行的時候，你與所有祖先以及貴國的河川、群山、植物、食物做聯繫。如果你不是這些事物的顯現與延續，那你又是什麼呢？「我感覺到，這片大地上的能量滲透了我的身體與靈魂，在支持我、接納我。我立志，要培育這份能量，將它傳遞給未來子孫。我立志，要貢獻心力，去轉變那深扎在社會集體意識裡的暴力、仇恨與迷惑，讓後代子孫可以擁有更多的安全、喜悅與和平。」當然，我們都能隨時接納正面的事物，但我們也得要接納社會中負面的事物（例如：暴力、仇恨、種族歧視），如此才有辦法轉變。我們的生活方式，必須要能夠轉變那些負面元素。「大地啊，請賜我保護與支持。」

第四項觸地法

帶著感激和慈悲，我在此行禮，並將我的能量傳遞給我所愛的人。我要將我所接受的一切能量，傳遞給我的父親、我的母親、我所愛的每一個人，以及那些爲我吃苦、爲我心煩的所有人。我知道，在日常生活中，我沒有足夠的正念。我也知道，那些愛我的人，有他們自己的苦衷。他們受苦難，因爲他們沒有足夠的福報，讓他們有個激勵全面發展的環境。我將我的能量傳遞給我的母親、我的父親、我的兄弟、我的姊妹、我所愛的人、我的丈夫、我的妻子、我的女兒、我的兒子，舒緩他們的痛苦，讓他們可以微笑、可以感覺到活著的喜悅。我要他們大家健康快樂。我知道，他們若是快樂，我也會快樂。我不再怨懟他們中的任何人。血緣家庭和精神家庭中所有的祖先啊，請將能量灌輸給他們每一個人，保護、支持他們。我知道，我沒有與他們分開。我與我所愛的人同在。

生活中有一些人，是我們特別關愛的，像是父親、母親、兄弟、姊妹、兒子、女兒、叔伯、姑姨、姪兒、姪女、摯友。我們希望這些人都能健康快樂。藉由第四項觸地法，我們將能量傳遞給我們的摯愛。觸地那刻，依此禪觀：「我要將我所接受的一切能量，傳遞給我的父親、我的母親、我所愛的每一個人……」即使你的父親、母親已經過世，你還是可以傳遞能量給他們，最起碼他們仍是你的一部分。一一念出血緣家庭及精神家庭中所有你愛的人的名字。你必須要能夠很眞確地看到每一個人的臉，而不是念過就算。千萬別把他們都湊在一起講，像是說：「所有我愛的人。」把每一個人的名字都說出來，例如說，我的兄弟理查·華倫，我的姊妹麗絲·伯敦。出家人則可以念道：「我的導師、導師的導師、同修的師姊、同修的師兄，僧團中的所有同修，祝福你們每人都能享有和平、喜悅與快樂。我生命中所有的有緣人，不論是不是遭逢困難的，祝福你們都能快樂。」

「我將我的能量傳遞給我的母親、我的父親、我的兄弟、我的姊妹、我所愛的人、我的丈夫、我的妻子、我的女兒、我的兒子，舒緩他們的痛苦，讓他們可以微笑、可以感覺到活著的喜悅。」即使他們曾經讓你傷心或憤怒，你仍希望他們大家都能快樂。他們還是你所愛的人，而你最深的希望無非是希望他們能快樂。

「血緣家庭和精神家庭中所有的祖先啊，請將能量灌輸給他們每一個人，保護、支持他們。我知道，我沒有與他們分開。我與我所愛的人同在。」當接觸大地並做此禪觀時，你會看到，摯愛的快樂就是你自己的快樂，所有虛假的隔閡都將消失。這就是愛的禪觀。這項禪觀做起來很容易，因爲禪觀的對象是摯愛的人。

第五項觸地法

含著理解與慈悲，我在此行禮，與所有曾經引起我苦難的人和好。敞開我的心，將我的愛和理解的能量輸送出去，給那些所有曾經摧殘我的生活、我的摯愛的生活的人。我現在知道，他們自己也曾走過無數的苦難，他們的心充斥著痛苦、憤怒與仇恨。我知道，吃了這麼多苦的人，會讓周遭的人也跟著一起受苦。我知道，他們也許運氣不好，不曾有機會去關懷、去愛。生活和社會給了他們如此多的困苦。他們曾被誤會、曾被虐待。從未有人教過他們正念生活之道。他們累積了許多對生命的錯覺、對我的錯覺、對我們的錯覺，也曾對我們以及我們所愛的人不義。血緣和精神家庭的列祖列宗啊，請把愛和保護的能量輸送給那些引起我們苦難的人，讓他們的心有辦法接納愛的蜜汁，如花似的綻放。我祈求啊，請讓他們得以轉變、得以體驗生命的喜悅，如此，他們才不會繼續使自己受苦難、使別人受苦難。我看到了他們的苦難，不希望因此而對他們有任何瞋恨心。我不希望他們受苦難。我將我的愛和理解的能量輸送給他們，列祖列宗啊，也請幫幫他們。

這項禪觀的對象是第五種人——你怨恨的人。觸地那刻，照此禪觀：「敞開我的心，將我的愛和理解的能量輸送出去，給那些所有曾經摧殘我的生活、我的摯愛的生活的人……」念出了他們的名字，觀想著他們的長相（很清晰地看到他們的臉），看到他們的苦難和憤怒。「我現在知道，他們自己也曾走過無數的苦難……」這是諦觀的本性。禪觀，是爲了要能看到你厭惡對象的憤怒之根、痛苦之源。理解，是敞開心胸的關鍵，因此這項禪觀是很重要的。你必須要能夠看到，那個引起你苦難的人，自己是怎樣在受苦難，又是怎樣繼續受著苦難。你也必須要看到，爲什麼會有今天的他。受苦難的人，也會使他們周遭的人跟著受苦難。「我知道，他們也許運氣不好，不曾有機會去關懷、去愛。」這樣的人從孩提時期就開始受苦難，曾被欺凌、曾被虐待。一旦看到了這點，你的心自然而然就會敞開。

「從未有人教過他們正念生活之道。他們累積了許多對生命的錯覺、對我的錯覺、對我們的錯覺，也曾對我們以及對我們所愛的人不義。」一個有錯覺的人，不但自己會受苦難，也會使周圍的人（包括他所愛的人）跟著受苦難。「血緣和精神家庭的列祖列宗啊，請把愛和保護的能量輸送給那些引起我們苦難的人，讓他們的心有辦法接納愛的蜜汁，如花似的綻放。」這才是你眞正的渴望啊，你沒有蘊藏惡意，也沒有渴望那人受苦難。若是那人受苦難，你也會受到苦難。「我祈求啊，請讓他們得以轉變、得以體驗生命的喜悅，如此，他們才不會繼續使自己受苦難、使別人受苦難。」你理解到，那個人沒有學會控制自己，因此使得你還有你愛的人受苦難。

你爲引起家國苦難的人祈禱，包括殺人兇手、盜賊、投機份子、騙子、暴君，祈求他們在佛菩薩及列祖列宗的感召之下，得到轉變。你看到，他們的苦難是怎樣一代一代地延續下來，你不想冤冤相報，也不想要讓他們再受苦難。血緣和精神祖先賜予的根基，使你的心能如花兒似的綻放；你祈求，一切恩怨情仇不再纏延。你也祈求，那些使你、你的家人或同胞受苦難的人，能了脫一切危險和痛苦，以便享受一個快樂、和平及喜悅照耀下的生命。將愛和理解的能量輸送給他或他們，並請求佛菩薩及列祖列宗幫助。

一旦看到使你受苦那人的苦難、辛勞和錯覺，你將有辦法去愛他、去寬恕他。那一刻，愛和慈悲之流充盈著你的心，但覺心曠神怡；第一個從和平與喜悅中受惠的就是你自己。之後，你日常生活的方式將帶有一種能力，一種可以轉變對方的能力。這也是慈悲喜捨四無量心的修行。

愛敵人即愛你的摯愛

愛敵如愛己。一旦有辦法去愛敵人時，敵人就不再是敵人，而是你的摯愛了。真正的佛教徒，只有所愛的人，沒有敵對的人。「愛敵如愛己」是一首名為〈花兒在故鄉路上綻放〉歌中的一句，這首歌是范世美於越戰期間所作。越南有一個很好的傳統，要是敵軍的將帥命喪沙場，我們就會為他起建祭壇追悼，彷佛是在說：「不是我們要殺您，而是我們不得不殺您。人死已矣，我們給將軍上香。君命難為，或許將軍無意侵犯我們，就像我們無意殺您一般，都是身不由己、無可奈何。」越南人追隨這項習俗有數世紀之久。從這項習俗裡，你可以看得出來，多年以來，慈悲喜捨是怎樣地融匯在越南文化中。我相信，將來，越南也會有祭拜喪命於越南的美國大兵的祠堂。這是我們的傳統啊。

修行觸地法，就會進入慈悲喜捨的禪觀裡。禪觀的成效，視專注和諦觀能力而定。觸地法必須要是眞實的修行，不是為贖罪而做，更不是為想像力而練習。身體觸地那刻，個人的自我界線消失了，與血緣、精神及民族祖先有了聯繫。接觸你的摯愛，寬恕害你受苦難的人。自然而然地，你會更健康、更輕鬆、更充實。觸地法有療癒、加強、帶來快樂的能力。不論是靜坐、行禪或修行觸地法，我們都要修練愛。我們必須二十四小時都修練愛，切忌偷工減料。我們必需知道，如何成為一個在每一天的每一小時中，都沉浸於慈悲喜捨的人。

第六項觸地法

含著感激和慈悲，我向古老的精神之源行禮。我看到，我仍是個孩童，坐在教堂或猶太會堂裡，等著佈道或祭典，那新年祭拜啊，那聖餐啊。我看到了，我的神父、牧師、猶太牧師，還有教會中的人啊。我記得，坐在那兒有多痛苦，做那些我不理解或不想做的事又有多痛苦。我知道，在那時的溝通有多困難，那些儀式沒有帶給我多少喜悅或滋潤。我是那麼地焦躁，那麼地不耐。精神家庭和我之間的溝通、理解是那麼地不足，讓我離開了我的猶太牧師、牧師、猶太會堂、教堂。

我和我精神家庭的列祖列宗失去了聯繫，斷了往來。如今，我知道，我的精神傳統中，有著光彩奪目的珠寶，我的傳統精神生活，帶給了我無數代的祖先安定、喜悅、和平。我知道，那些奉行我的精神傳統的人，沒有成功地將它傳遞給我、給我們。為了滋潤自己，也為了滋潤後代子孫，我要回去，回去重新發現傳統中偉大的精神價值。我要再一次地，與我古老的精神祖先聯繫，讓他們的精神能量再一次地在我的體內自由流動。我看到摩西、基督，還有許許多多的精神祖先。我把這些傳統中無數代的精神導師，都當成我的精神祖先，此時此刻我向他們行禮。

許多被佛教修行吸引的西方人，放棄了他們原本的精神傳統。他們拒教堂或團契於千里之外，只因在那兒碰到的態度或修行，讓他們感到束縛、難受。他們在自己的傳統中受到苦難，因此他們尋覓另外一個。他們親近佛教，希求佛教能取代他們原本的傳統，更甚者，希望能與原本傳統永遠一刀兩斷。但依佛教智慧看來，這種希望毫不可行。切斷與自己文化傳統聯繫的人，與斷根的樹木無異；快樂，對他們而言，杳不可及。佛教修行可以提供有效的方法，療癒與血緣、精神家庭的關係；重修舊好；並重新建立起聯繫。藉此，可以挖掘出原本傳統中的珍貴珠寶。感謝這修行，人們會看到，佛教其實與他們原本的精神傳統，有許多共同之處；因此，排拒自己的傳統，是了無意義的。他們也會看到，佛教和他們自己的精神傳統一樣，有許多需要改進的地方。

若是一個人的精神家庭或血緣家庭死氣沉沉，想要轉變，無異是緣木求魚。樹木若不修枝，便會因爲枝葉太重而傾斜。精神傳統也是一樣的，它需要被呵護、需要有更新，這樣才會有朝氣。你不妨利用佛教中的修行，來幫助轉變你原有的精神傳統，挖掘出它美麗、卓越、珍貴的一面。

只要其他傳統的人明白到，佛教修行和他們原有的精神傳統並不衝突，他們就有辦法使他們原有的傳統更豐富、更耀眼，自己也能夠獲得眞正的快樂。佛教徒也不例外。佛教徒可以遵照其它精神傳統中美麗、卓越、珍貴的地方，來使佛教更豐富。二千六百年來，佛教就是在這種精神下被修行的。這種願向其他智慧請教並藉此轉變的意願，使得佛教能夠持續適應每一代的眞正需要。

觸地法是一種藝術。千萬不要盲目修行。修行了幾個禮拜後，將自內心昇起的的感想心得記錄下來（用心記或用筆寫在紙上），然後在修行中引用這份了悟。

14

三頂禮

這是觸地法的另一項修行，叫「三頂禮」。將所謂的自我融入生命之流，諦觀我們互生的本性。每晚我在法國的閉關房禪坐之前，我都會先修行這三頂禮。

第一項頂禮

接觸大地，我與我精神及血緣家庭中的列祖列宗、子子孫孫建立起聯繫。我的精神家庭的祖先包括有佛陀、菩薩、佛弟子聖僧、（塡入你所想要補充的名字），以及我自己的尚在世或已過世的精神導師。他們仍在我身上，因爲他們將和平、智慧、愛、快樂的種子傳遞給我，並喚起我身上的理解與慈悲之源。看著精神家庭中的列祖列宗，我看到了那些將戒律、理解、慈悲修行圓滿的人，也看到了那些仍有缺憾的人。接納他們全部，因爲我在自己身上看到了缺點及弱點。覺知到，我在戒律方面的修行不全然完美，也未如期望地能常保理解和慈悲；所以我敞開心胸，接納我所有的精神子孫。子孫中，有能將戒律、理解和慈悲修行得很好，進而獲得自信與尊敬者；但也有頻遭困頓，因而修行起落不定者。

同樣地，我接納我母族、父族的列祖列宗。我接納他們好的品性與德行，也接納他們所有的缺點。我敞開心胸，接納我所有的血緣子孫，還有他們的好品行、好才華及弱點。

我的精神祖先、血緣祖先，還有我的精神子孫、血緣子孫，統統都是我的一部份。我是他們，他們就是我。我沒有分離的自我。這所有的一切，都是那美妙的、永不停止的生命之流的一部份。

接納完美與不完美，心將充盈著愛

第一項頂禮可以被形容爲垂直線。觸地那刻，首先觀想我們的精神祖先，然後觀想血緣祖先。至於我，在第一項頂禮中，我會從釋迦牟尼佛觀想起，然後是其他的偉大導師，像是舍利弗、龍樹、世親，一直到傳我沙彌十戒的導師，我將他們觀想爲至善至美或接近完美。最原始的僧伽有一千兩百五十名出家眾，其中有幾近完美境界者，但也有踰越戒律者。我的祖先中，有幾近完美的，也有跟完美扯不上邊的，然而他們全是我的祖先，我也知道接納他們全部是重要的。在我自己身上，有非常接近完美的地方，但也有離完美甚遠的。因此，我可以與我所有的祖先和平、和諧共處，即使他們不甚完美。

我們憑什麼以爲，自己有權利要求列祖列宗做到無疵無瑕？在自己身上，也有很多缺失啊。若能看到並接納自己的缺失，就不難接納所有的祖先，甚或是接納父母。接納他們的那刻，我們會深深地感到和平、和好，將自己當成生命之流的一部份。

然後，我會觀想年輕一代。我看到我那些接近完美境界的學生，也看到那些離完美甚遠的學生，但我都一概接納。學生中，有的是和平、踏實、自在、喜悅的，他們滋育我，帶給我快樂。我愛他們，然而我也愛那些起伏不定、遭逢困難、有缺失、離完美很遠的學生。我自己都有缺點了，爲何不能接納那些有缺點的學生？不論是時間線上的前人，或是後人，我都待以寬容與接納。當我觀想那些頑劣、不聽規勸、踰越戒律、使僧眾不悅的學生時，我會看到僧眾和我自己雙方，都需要多花點時間、精力、關懷來照顧這些學生。你若可以接納任何人，你的心將充盈著和平與愛。愛，是一段學習，一項修行，不是恩賜。

觀想這些人時，你也許會想要保持頂禮姿勢五分鐘，或更長的時間。喚出他們的名字，使修行更專注。一接觸到祖先和後世這條源流，你自己也會跟著融入生命之流，你深深知道，所有的列祖列宗、子子孫孫，都活在你身上。一切寂寞感將隨之消逝。

對血緣家庭也是如此。喚出祖父或其他先人的名諱。他們之中有些人幾近至善至美，有些確與完美扯不上一點關係。有些使你快樂，有些使你痛苦。你不妨把他們都當成祖先，全部接納。我知道，你們之中有些人不想要跟父母或祖先有任何瓜葛，因爲你對他們是這麼地憤怒、仇視。你想要自己一個人，不跟他們有任何關係。然而，那是異想天開。只要諦觀自己，就會看到，其實自己是他們的延續，不論他們是幾近至善至美，或離完美甚遠。你不是孤立的個體。你是生命之流的一部份。這是互生、無我的修行。我們不是在哀求，膜拜上蒼，懇請恩賜。我們接觸大地，是爲了要能獲得對互生的了悟，並認知到我們是列祖列宗的延續。

在諦觀過精神祖先、學生，還有血緣祖先後，接下來要諦觀自己的子女。有的子女，幾近完美，很討我們喜歡。可是，也有的子女，問題重重，粗劣無比，讓我們很苦。我們憑什麼不去接納子女的眞實面？若能瑕瑜不分，一概接納，深刻的和平感自會油然而生。我個人沒有血緣子女，但我有很多精神子女。當我彎下腰接觸大地的時候，我會觀想他們的全部。

沒有根，就沒有快樂。這項修行必須要能帶我們返回我們的根。如今有很多人跟他們的文化與傳統疏離了，因而飽受其苦。我在此呼籲，返回你的根啊，重新扎根在你的文化與傳統上啊，利用互生的了悟，來激發智慧與慈悲的能量。第一項頂禮為的就是這些。

第二項頂禮

接觸大地，我與這世上所有生靈建立起聯繫。我與美妙的生命足跡同在，炫目的光芒照耀各方。我看到，萬物與我之間有這麼貼切的聯繫，又是如何的一起共度快樂和苦難。我與天生肢體殘障的人同在，也與因戰爭、意外或疾病而受殘的人同在。我與身陷戰火、身陷壓迫的人同在。那些在家庭生活中找不到快樂的人啊，那些失了根、沒有和平心的人啊，那些渴望理解與愛的人啊，那些尋求去擁抱並信仰美麗、健全、眞理的人啊，我都與他們同在。我是那個在死亡邊緣徘徊，又懼又怕，渾然不知會發生什麼事的人。我也是個稚兒，被悽慘的貧窮和疾病籠照著，瘦骨嶙峋，茫無未來。我更是那個武器製造商，將武器賣給貧窮國家。我是青蛙，優游在池塘中；我也是蛇，需要那隻青蛙的身子來滋育自己的身子。我是毛蟲、是螞蟻，是鳥兒尋覓的餐點；我也是那隻鳥兒，在找著那毛蟲、那螞蟻。我是一片樹林，被砍伐著。我是河川、是空氣，被污染著。我可也是那伐林的人、那污染河川、空氣的人。在所有生物中，我看到了自己；在自己身上，我看到了所有生物。

生靈

我，與所有生靈同在——那些有的是高貴偉大、證得不生不死的眞理，能夠用寧靜的眼看著生死苦樂；也有的內心中有和平、有愛有理解，能夠接觸一切可以療癒、滋育、更新的事物，有能力用愛與關懷來擁抱、對待世間；還有的，卻被生理或心理的痛苦折磨著。我是那個擁有充足和平、喜悅及自由的人，能夠貢獻出喜悅與無懼給其他生靈。我看到，我不是被隔離開的。世間高貴生靈的愛與快樂，讓我不在絕望中沉淪，幫助我過著一個有眞和平、眞快樂的有意義生活。我在我身上，看到他們全部；也在他們身上看到自己。第二項頂禮彷若是一條平行線，講的是當下。照此接觸大地，我們也接觸了在當下與我們同在的所有生靈。我們知道，我們是生命的一部份，而生命是無涯無盡的。

以下是我在一九七八年寫的一首詩，那時我正在幫助漂浮南中國海上的船民。

別說我明日就將離去——
即使今日我才到來。

諦觀：

每一秒都有我到來的足跡，
我化爲春枝上的嫩芽；
我化爲新巢的雛鳥；
我化爲花蕊的毛蟲；
我化爲石頭中的珍寶。

我在每一秒到來啊，
只因爲我要笑，我要哭，
只因爲我要恐懼，我要希望。
我心中的每一韻律，
是萬物的生生死死。

我是蜉蝣，
在河面上游著。
我也是鳥，
猝然而降，吞噬了那蜉蝣。

我是青蛙，
在池塘裡快樂的游著。
我也是蛇，
靜靜地以青蛙爲饗宴。

我是烏干達小孩，
皮包骨，骨連膚，

乾癟腿，如竹篙。
我也是軍火販子，
向烏干達人推銷殺人的武器。

我是十二歲的姑娘，
小船上的難民，
因海盜的玷污，
讓我投身於海。
我也是那海盜，
我的心不知道怎麼看、怎麼愛。

我也是共黨政治局的一員，

手握生殺大權。
我也是欠著大筆「血債」的人，
他們在勞改營裡，慢慢嚥下最後一口氣。

我的喜悅彷彿溫煦的春暉，
讓繁花開遍大地。
我的傷痛彷彿浩蕩的淚河，
讓苦難填滿四海。

請用我的眞名叫我，
好讓我同時聽見我的哭、我的笑，
好讓我看清楚，我的喜悅就是我的傷痛。

請用我的眞名叫我，
好讓我醒來，
打開我心靈的，
慈悲之門。

我們就是以上這些人，然而，因爲我們有能力去接觸那些能夠保持和平的人、能夠慰藉並紓緩苦難者的人，我們不致被苦海淹沒。有足夠的正念，就有辦法接觸到這些眞菩薩。他們之中有的名聲遠播，但很多都是默默地貢獻心力。他們全是愛、慈悲、安定、自由的化身。

在所有人中看到自己

當我彎下腰接觸大地時，我在所有受苦難的人中看到了自己，不論那些人是身在這裡，還是遠在第三世界。我看到我是烏干達的小孩，苦無食糧。我看到一個在垃圾堆中翻找的小孩，希望能找到一點可以拿來換吃的東西。我看到身陷囹圄的人，飽受凌虐，只因爲他們爲人權遭到破壞，發出不平之聲。我看到，我是個年輕人，青春正好，卻沉溺於酒精與毒品；也看到自己是個身染愛滋病的人，只有微乎其微的康復希望。我看到，我是個狂熱的宗教份子，青春少年，卻在憤怒與沮喪驅使下，犯下暴力罪行。我看到，我是隻青蛙，正在清澈的池塘中快樂的游著，冷不防地，卻被蛇一口吞下。我看到我是隻兔子，在豹子追逐下，匆匆逃命。在這些觀想過程中，我也受到折磨，然而，慈悲卻跟著油然而生。

然後，我把自己觀想成一個很好心的人，一個有著大愛、大慈悲的眞菩薩，熱心公益。我看到，無數的菩薩攜手同心，一邊唱歌，一邊爲減緩人類或其它生靈的苦難而努力。我加入了他們的喜悅、和平與安定；這也是爲什麼，我沒有讓沮喪、無助的感覺淹沒。

不妨花個五分鐘或更長的時間來接觸大地，觀想、接觸所有在當下與我們互生的美妙生物。爲了這個世界，我們必須緊握彼此的手，站穩腳步，共同維護我們的安定與自由。接觸大地時，我們會覺知到遍佈世界的僧伽，也會從中得到力量與能量。藉著呼喚、觀想，我們將會看到自己與僧伽之間的互生關係。當我們繼續深深接觸他們時，我們將能認同所有空間（第一項觸地法）、時間（第二項觸地法）裡的生靈。若成功做到這點，就是已經在修行第三項觸地法了。

第三項頂禮法

接觸大地，我不再執著我相及壽者相。我看到，這個由四大元素所組成的身體，並不是眞正的我，這個身體拘限不住我。我是精神與血緣祖先的生命之流的一部份，數千年來源源不斷，數千年後滔滔不絕。我與列祖列宗同在，我與所有的人、所有的生物同在，不論他們是不是和平灑脫的，或是在受苦難、恐懼折磨。此時此刻，我化身在地球每一個角落。我也曾化身於過去、未來。這個身體的化解與我無關，就像梅花盛開後的凋零，並不意味梅樹的終了。我看到，我是海面上的浪濤，我的本性就是那海水。在我身上，我看到了每一濤、每一浪；我也在那一波波的浪濤中，看到了自己。浪濤的起起伏伏，左右不到大海。我的法身與智慧，也不受生死影響。我看到，在有身體之前，就已經有了我；在身體消逝後，也還會有我。即使在當下，我也看到，身體以外的世界依然有我。七十年、八十年，都不是我的壽命啊。我的壽命，就像是樹葉的壽命、佛陀的壽命，無止無盡。我已經超越了「我就是這個身體」的觀念，也超越了「我孤立於時空中其它生靈之外」的觀念。

第三項頂禮法就像是個圓圈，包含著前兩項頂禮法的直線、橫線。這是《金剛經》上的修行，了脫「我就是這個身體」及「這個生命就是我的壽命」的觀念。第一個要被摒除的觀念，是「我只是這個身體，身體不在了，我就不在」的觀念。佛陀反覆教導這點：「這雙眼睛不是我。我不受這雙眼睛的束縛。我是無邊無涯的生命。我不曾生，也不曾死。」所以，微笑吧。握著我的手。我們將永永遠遠在一起，不論我們的外相如何。這是在修行接觸佛陀後，所得到互生的了悟、不生不死的了悟。這是最終的解脫。修行第三項頂禮時，我們深深地接觸了不生不死的世界、當下的涅槃世界、神的國度。「這身體不是我。我不受這身體的束縛。我的生命是無邊無涯的。」不受有無、生死的觀念所拘限。在列祖列宗、子子孫孫身上，我認出了自己，也在眼前的樹木、花朵上，認出了自己。

有一天，當我在一棵樹木前做正念呼吸時，忽然間，我明白到，因爲有這棵樹，我才得以呼吸。樹木和我互惠互益，也因爲有正念，我知道如何去保護樹木。在一起，我們都是生命之流的一部份。我們是互生的。我的身上，有樹；樹木的身上，也有我。修行第三項頂禮法，會讓你體認到：你，不僅僅是你的色、受、想、行、識。你是無邊無涯的。

第一、二項頂禮在摒除四相

修行第三項頂禮能否成功，全視你的第一、第二項頂禮修行。修行第一項頂禮的過程中，你認知到，你是生命之流的一部份，與列祖列宗、子子孫孫同在。我一日清早在夏威夷的茅伊島上，帶著朋友阿倪．科勒去看金剛僧團後院的香蕉樹叢。我指著香蕉樹，告訴阿倪，這棵香蕉樹在開花結果後，會被砍下，好讓出地方，讓其他香蕉樹成長。阿倪聽了，感到難過。他以爲，香蕉樹被砍下後，生命也隨之終了。我微微一笑，告訴他，如果他知道土壤下的事，他就不會難過了。地底下，有一堆香蕉樹的樹根，每一棵香蕉樹都是從那兒來的。砍下了其中一棵，不過是要讓其他棵有地方可以長大。這所有的香蕉樹其實都是一體的，不是單獨分開的。同樣地，你和你的父親、母親，都屬於同一個實體。你沒有分離的自我。他們在你身上，而你也在他們身上。在第一項頂禮中，你認知到這點，超越「孤立的自我」這個觀念。若修行第一項頂禮成功了，要摒除我相（「這個身體是我」的觀念）可以說是輕而易舉的。

修行第二項頂禮的過程中，你將自己觀想成烏干達的小孩、被蛇吞噬的青蛙、唱著歌救濟世人的菩薩。這項修行若成功了，要摒棄「身體就是我」的觀念，就愈加容易。自我是更廣、更寬的。當我修行到第三項頂禮時，我摒棄「這個身體是我」、「這七十年是我的壽命」等觀念。修行《金剛經》，爲的就是摒除我相、人相、眾生相、壽者相這四個觀念。

只要對所謂的我修行諦觀，就不難發現，我其實是由非我元素所組成的。花朵是由非花朵元素（譬如：種子、雲彩、太陽、礦物等）所組成。若將這一切非花朵元素物歸原主，就不會有花朵。這就是爲什麼我們可以宣稱，我是由非我元素所組成的。

第二個該摒除的觀念就是人相，也就是「人是分離個體」的觀念。少了動物、植物、礦物，就是在摧毀人類自己。《金剛經》是最古老的環保經典，因爲經上說，人是由非人類的元素所組成的。摧毀非人類元素，與摧毀人類無異。不僅僅「自我爲分離的個體」這個觀念需要被摒除，「人類爲獨立個體」的觀念也應該摒除。

第三個應該被摒除的觀念是眾生相。只要諦觀，我們就會看到，眾生其實也是由礦物和水等無生命物質所組成的。尊重無生命的東西，就是尊重眾生的權利。

最後一個應該摒除的觀念是壽相者。我們以爲，我們的存在，是從呱呱落地那刻起，死了以後，就不存在了。然而，有了諦觀，就會看到，和佛陀一樣，你也有無止無盡的生命。這是《金剛經》上教的。我們必須學會知行合一。若每天修行這三項頂禮，便可以摒除生死、我相、壽者相的觀念。或許，你會以爲，修行第三項頂禮，會比前兩項困難，但只要成功地修行了前兩項頂禮，第三項頂禮便不難修行。修行這三項頂禮，可以讓我們了脫生死的觀念，及對死亡的恐懼。你也將成爲臨終者的最大幫助，因爲你可以啓發他們心中的信仰、信心、和平。

修行觸地法時，你無所不在，不受生死、有無的拘束。第三世紀的越南，有一位佛教大師叫僧會，他清楚的告訴我們，修行佛陀所教的正念呼吸，是爲了要摒除「我是這個身體」及「我的生命拘限於這段時間」的觀念。一但接觸了不生不死的眞相，你將能超越「身體是我」、「壽命是我」的觀念。

讓三頂禮變成愉快的修行

每天，在坐禪以前，我都會修行這三項頂禮。點燃一炷香，欣賞香煙裊裊。然後，我修行三頂禮。這大約要十分鐘。接下來，我面向我的百位安琪娜的照片，向他們行禮，再坐下禪坐。三頂禮的修行可以轉變恐懼、焦躁，恢復健康，與列祖列宗、子子孫孫和好。我強力推薦這項修行。只要修行一、兩個月，就會受益匪淺。讓它變成愉快的修行，每天都可以享受它。

三頂禮是了悟的修行。我們超越個人的自我，看看什麼是「非自我」，也看看其實我們就是列祖列宗、子子孫孫。剛開始時，借用以上的格式修行，但過了一段時間後，將這格式丟開，創造你自己的格式。

再過三年多，我們就會攀登二十一世紀的山。我年歲已高，也不知道能不能到達那山腳下。然而，每一天，我都會想著我那些將往山上爬的子孫。西元二〇五〇年時，法禪法師會是七十四歲。當他站在山頂，他會看到什麼呢？他往下看，會看到僧伽們在一起努力地往上爬。我們不可能單獨爬上二十一世紀的山。我們修行的關鍵，是要同心協力。

我的導師清規老和尚往生於一九六八年，在戌申年春天圍城後不久。然而，今天他依然存在。他用愛和關懷，送我上路。現在，我背負著他，也將他傳遞給你，讓你也可以背負他。若無導師，何來今日的我？我們不過是那條叫「生命」的泉流的一部份。佛陀的僧伽年高二千五百多歲。也許，我們還年輕，但我們卻也年長。如今，我們的僧團遍佈世界，這兒一點，那兒一點。僧團中的每一部份，利用不同的方法、教導來滋育自己；然而，每一個僧團中都有我們，也都將會有我們的子孫。我們的微笑，也是他人的微笑。我們的苦難，也是他人的苦難。看到這一點，就是無我的體認。我們需要這點了悟，以便在生命之途上，踏上穩穩的步伐。

以爲自己孤立無依，這是一種假象。你可以接觸已存在這裡的快樂元素，在當下就獲得和平。其中關鍵，不過是你看事物的方法。請學習並修行正念生活的藝術、快樂的藝術、散播快樂的藝術吧。這是愛的禪觀。這是深刻地活在當下。我們需要你這麼做。

梅村簡介

梅村位於法國西南部，是一行禪師於一九八二年創立的修習中心。其後，禪師亦在美國、德國及亞洲等地設立禪修中心，歡迎個人或家庭來參加一天或更長時間的正念修習。如欲查詢或報名，請聯絡各中心：

Plum Village

13 Martineau
33580 Dieulivol
France
Tel: (33) 5 56 61 66 88
www.plumvillage.org

Deer Park Monastery

2499 Melru Lane
Escondido, CA 92026
USA
Tel: (1) 760 291-1003
deerpark@plumvillage.org
www.deerparkmonastery.org

Blue Cliff Monastery

3 Mindfulness Road
Pine Bush, NY 12566
USA
Tel: (1) 845 231-1785
www.bluecliffmonastery.org

European Institute of Applied Buddhism

Schaumburgweg 3,
D-51545 Waldbröl,
Germany
Tel: +49 (0) 2291 907 1373
www.eiab.eu

The Mindfulness Bell（正念鐘聲）這本雜誌由梅村一年發行三次，報導一行禪師所教導的正念生活之藝術。

欲訂閱或查詢全球僧團活動資訊，請至網站：www.mindfulnessbell.org

橡樹林文化 ❖❖ 善知識系列 ❖❖ 書目

JB0005	幸福的修煉	達賴喇嘛◎著	230 元
JB0006	與生命相約	一行禪師◎著	240 元
JB0007	森林中的法語	阿姜查◎著	320 元
JB0008	重讀釋迦牟尼	陳兵◎著	320 元
JB0009	你可以不生氣	一行禪師◎著	230 元
JB0010	禪修地圖	達賴喇嘛◎著	280 元
JB0011	你可以不怕死	一行禪師◎著	250 元
JB0012	平靜的第一堂課——觀呼吸	德寶法師 ◎著	260 元
JB0013X	正念的奇蹟	一行禪師◎著	220 元
JB0014X	觀照的奇蹟	一行禪師◎著	220 元
JB0015	阿姜查的禪修世界——戒	阿姜查◎著	220 元
JB0016	阿姜查的禪修世界——定	阿姜查◎著	250 元
JB0017	阿姜查的禪修世界——慧	阿姜查◎著	230 元
JB0018X	遠離四種執著	究給・企千仁波切◎著	280 元
JB0019X	禪者的初心	鈴木俊隆◎著	220 元
JB0020X	心的導引	薩姜・米龐仁波切◎著	240 元
JB0021X	佛陀的聖弟子傳 1	向智長老◎著	240 元
JB0022	佛陀的聖弟子傳 2	向智長老◎著	200 元
JB0023	佛陀的聖弟子傳 3	向智長老◎著	200 元
JB0024	佛陀的聖弟子傳 4	向智長老◎著	260 元
JB0025	正念的四個練習	喜戒禪師◎著	260 元
JB0026	遇見藥師佛	堪千創古仁波切◎著	270 元
JB0027	見佛殺佛	一行禪師◎著	220 元
JB0028	無常	阿姜查◎著	220 元
JB0029	覺悟勇士	邱陽・創巴仁波切◎著	230 元
JB0030	正念之道	向智長老◎著	280 元
JB0031	師父——與阿姜查共處的歲月	保羅・布里特◎著	260 元
JB0032	統御你的世界	薩姜・米龐仁波切◎著	240 元
JB0033	親近釋迦牟尼佛	髻智比丘◎著	430 元
JB0034	藏傳佛教的第一堂課	卡盧仁波切◎著	300 元
JB0035	拙火之樂	圖敦・耶喜喇嘛◎著	280 元

JB0036	心與科學的交會	亞瑟・札炯克◎著	330 元
JB0037	你可以，愛	一行禪師◎著	220 元
JB0038	專注力	B・艾倫・華勒士◎著	250 元
JB0039X	輪迴的故事	堪欽慈誠羅珠◎著	270 元
JB0040	成佛的藍圖	堪千創古仁波切◎著	270 元
JB0041	事情並非總是如此	鈴木俊隆禪師◎著	240 元
JB0042	祈禱的力量	一行禪師◎著	250 元
JB0043	培養慈悲心	圖丹・卻准◎著	320 元
JB0044	當光亮照破黑暗	達賴喇嘛◎著	300 元
JB0045	覺照在當下	優婆夷　紀・那那蓉◎著	300 元
JB0046	大手印暨觀音儀軌修法	卡盧仁波切◎著	340 元
JB0047X	蔣貢康楚閉關手冊	蔣貢康楚羅卓泰耶◎著	260 元
JB0048	開始學習禪修	凱薩琳・麥唐諾◎著	300 元
JB0049	我可以這樣改變人生	堪布慈囊仁波切◎著	250 元
JB0050	不生氣的生活	W. 伐札梅諦◎著	250 元
JB0051	智慧明光：《心經》	堪布慈囊仁波切◎著	250 元
JB0052	一心走路	一行禪師◎著	280 元
JB0054	觀世音菩薩妙明教示	堪布慈囊仁波切◎著	350 元
JB0055	世界心精華寶	貝瑪仁增仁波切◎著	280 元
JB0056	到達心靈的彼岸	堪千・阿貝仁波切◎著	220 元
JB0057	慈心禪	慈濟瓦法師◎著	230 元
JB0058	慈悲與智見	達賴喇嘛◎著	320 元
JB0059	親愛的喇嘛梭巴	喇嘛梭巴仁波切◎著	320 元
JB0060	轉心	蔣康祖古仁波切◎著	260 元
JB0061	遇見上師之後	詹杜固仁波切◎著	320 元
JB0062	白話《菩提道次第廣論》	宗喀巴大師◎著	500 元
JB0063	離死之心	竹慶本樂仁波切◎著	400 元
JB0064	生命真正的力量	一行禪師◎著	280 元
JB0065	夢瑜伽與自然光的修習	南開諾布仁波切◎著	280 元
JB0066	實證佛教導論	呂真觀◎著	500 元
JB0067	最勇敢的女性菩薩——綠度母	堪布慈囊仁波切◎著	350 元
JB0068	建設淨土——《阿彌陀經》禪解	一行禪師◎著	240 元
JB0069	接觸大地—與佛陀的親密對話	一行禪師◎著	220 元
JB0070	安住於清淨自性中	達賴喇嘛◎著	480 元

JB0071/72	菩薩行的祕密【上下冊】	佛子希瓦拉◎著	799 元
JB0073	穿越六道輪迴之旅	德洛達娃多瑪◎著	280 元
JB0074	突破修道上的唯物	邱陽・創巴仁波切◎著	320 元
JB0075	生死的幻覺	白瑪格桑仁波切◎著	380 元
JB0076	如何修觀音	堪布慈囊仁波切◎著	260 元
JB0077	死亡的藝術	波卡仁波切◎著	250 元
JB0078	見之道	根松仁波切◎著	330 元
JB0079	彩虹丹青	祖古・烏金仁波切◎著	340 元
JB0080	我的極樂大願	卓千拉貢仁波切◎著	260 元
JB0081	再捻佛語妙花	祖古・烏金仁波切◎著	250 元
JB0082	進入禪定的第一堂課	德寶法師◎著	300 元
JB0083	藏傳密續的真相	圖敦・耶喜喇嘛◎著	300 元
JB0084	鮮活的覺性	堪千創古仁波切◎著	350 元
JB0085	本智光照	遍智　吉美林巴◎著	380 元
JB0086	普賢王如來祈願文	竹慶本樂仁波切◎著	320 元
JB0087	禪林風雨	果煜法師◎著	360 元
JB0088	不依執修之佛果	敦珠林巴◎著	320 元
JB0089	本智光照一功德寶藏論　密宗分講記	遍智　吉美林巴◎著	340 元
JB0090	三主要道論	堪布慈囊仁波切◎講解	280 元
JB0091	千手千眼觀音齋戒一紐涅的修持法	汪遷仁波切◎著	400 元
JB0092	回到家，我看見真心	一行禪師◎著	220 元
JB0093	愛對了	一行禪師◎著	260 元
JB0094	追求幸福的開始：薩迦法王教你如何修行	尊勝的薩迦法王◎著	300 元
JB0095	次第花開	希阿榮博堪布◎著	350 元
JB0096	楞嚴貫心	果煜法師◎著	380 元
JB0097	心安了，路就開了： 讓《佛說四十二章經》成為你人生的指引	釋悟因◎著	320 元
JB0098	修行不入迷宮	札丘傑仁波切◎著	320 元
JB0099	看自己的心，比看電影精彩	圖敦・耶喜喇嘛◎著	280 元
JB0100	自性光明──法界寶庫論	大遍智　龍欽巴尊者◎著	480 元
JB0101	穿透《心經》：原來，你以為的只是假象	柳道成法師◎著	380 元
JB0102	直顯心之奧秘：大圓滿無二性的殊勝口訣	祖古貝瑪・里沙仁波切◎著	500 元
JB0103	一行禪師講《金剛經》	一行禪師◎著	320 元
JB0104	金錢與權力能帶給你什麼？ 一行禪師談生命真正的快樂	一行禪師◎著	300 元

JB0105	一行禪師談正念工作的奇蹟	一行禪師◎著	280 元
JB0106	大圓滿如幻休息論	大遍智　龍欽巴尊者◎著	320 元
JB0107	覺悟者的臨終贈言：《定日百法》	帕當巴桑傑大師◎著 堪布慈囊仁波切◎講述	300 元
JB0108	放過自己：揭開我執的騙局，找回心的自在	圖敦．耶喜喇嘛◎著	280 元
JB0109	快樂來自心	喇嘛梭巴仁波切◎著	280 元
JB0110	正覺之道．佛子行廣釋	根讓仁波切◎著	550 元
JB0111	中觀勝義諦	果煜法師◎著	500 元
JB0112	觀修藥師佛──祈請藥師佛，能解決你的困頓不安，感受身心療癒的奇蹟	堪千創古仁波切◎著	450 元
JB0113	與阿姜查共處的歲月	保羅．布里特◎著	300 元
JB0114	正念的四個練習	喜戒禪師◎著	300 元
JB0115	揭開身心的奧秘：阿毗達摩怎麼說？	善戒禪師◎著	420 元
JB0116	一行禪師講《阿彌陀經》	一行禪師◎著	260 元
JB0117	一生吉祥的三十八個祕訣	四明智廣◎著	350 元
JB0118	狂智	邱陽創巴仁波切◎著	380 元
JB0119	療癒身心的十種想──兼行「止禪」與「觀禪」的實用指引，醫治無明、洞見無常的妙方	德寶法師◎著	320 元
JB0120	覺醒的明光	堪祖蘇南給稱仁波切◎著	350 元
JB0122	正念的奇蹟（電影封面紀念版）	一行禪師◎著	250 元
JB0123	一行禪師　心如一畝田：唯識 50 頌	一行禪師◎著	360 元
JB0124	一行禪師　你可以不生氣：佛陀的情緒處方	一行禪師◎著	250 元
JB0125	三句擊要： 以三句口訣直指大圓滿見地、觀修與行持	巴珠仁波切◎著	300 元
JB0126	六妙門：禪修入門與進階	果煜法師◎著	360 元
JB0127	生死的幻覺	白瑪桑格仁波切◎著	380 元
JB0128	狂野的覺醒	竹慶本樂仁波切◎著	400 元
JB0129	禪修心經──萬物顯現，卻不真實存在	堪祖蘇南給稱仁波切◎著	350 元
JB0130	頂果欽哲法王：《上師相應法》	頂果欽哲法王◎著	320 元
JB0131	大手印之心：噶舉傳承上師心要教授	堪千創古仁切波◎著	500 元
JB0132	平心靜氣：達賴喇嘛講《入菩薩行論》〈安忍品〉	達賴喇嘛◎著	380 元
JB0133	念住內觀：以直觀智解脫心	班迪達尊者◎著	380 元
JB0134	除障積福最強大之法──山淨煙供	堪祖蘇南給稱仁波切◎著	350 元

善知識系列 JB0037X

一行禪師 活在正念的愛裡：從慈悲喜捨的練習中，學會愛自己也愛他人
Teachings on Love
（本書爲《你可以愛》暢銷修訂版）

作　　者／一行禪師（Thich Nhat Hanh）
譯　　者／鄭維儀
內文照片提供／Unified Buddhist Church
編　　輯／劉昱伶
業　　務／顏宏紋

總 編 輯／張嘉芳
出　　版／橡樹林文化
城邦文化事業股份有限公司
104 台北市民生東路二段 141 號 5 樓
電話：(02)2500-7696　傳眞：(02)2500-1951
發　　行／英屬蓋曼群島商家庭傳媒股份有限公司城邦分公司
104 台北市中山區民生東路二段 141 號 5 樓
客服服務專線：(02)25007718；25001991
24 小時傳眞專線：(02)25001990；25001991
服務時間：週一至週五上午 09:30 ～ 12:00；下午 13:30 ～ 17:00
劃撥帳號：19863813　戶名：書虫股份有限公司
讀者服務信箱：service@readingclub.com.tw
香港發行所／城邦（香港）出版集團有限公司
香港灣仔駱克道 193 號東超商業中心 1 樓
電話：(852)25086231　傳眞：(852)25789337
Email: hkcite@biznetvigator.com
馬新發行所／城邦（馬新）出版集團【Cité (M) Sdn.Bhd. (458372 U)】
41, Jalan Radin Anum, Bandar Baru Sri Petaling,
57000 Kuala Lumpur, Malaysia.
電話：(603) 90563833　傳眞：(603) 90576622
Email：services@cite.my

封面設計／周家瑤
內頁版型／歐陽碧智
印　　刷／中原造像股份有限公司

初版一刷／ 2007 年 3 月
二版三刷／ 2023 年 4 月
ISBN ／ 978-986-7884-64-0
定價／ 300 元

城邦讀書花園
www.cite.com.tw

國家圖書館出版品預行編目（CIP）資料

活在正念的愛裡：從慈悲喜捨的練習中，學會愛自己也愛他人／一行禪行（Thich Nhat Hanh）著；鄭維儀譯．-- 初版， -- 臺北市：橡樹林文化出版：家庭傳媒城邦公司發行，2007〔民 96〕
面； 公分．--（善知識系列：JB0037）
譯自：Teachings on love
ISBN 978-986-7884-64-0（平裝）

1. 慈悲　2. 佛教──哲學，原理

220.139　　96002754

廣　告　回　函
北區郵政管理局登記證
北台字第10158號
郵資已付　免貼郵票

104 台北市中山區民生東路二段 141 號 5 樓

城邦文化事業股份有限公司
橡樹林出版事業部　收

請沿虛線剪下對折裝訂寄回，謝謝！

|橡|樹|林|

書名：活在正念的愛裡：從慈悲喜捨的練習中，學會愛自己也愛他人　書號：JB0037X

橡樹林文化
讀者回函卡

感謝您對橡樹林出版社之支持，請將您的建議提供給我們參考與改進；請別忘了給我們一些鼓勵，我們會更加努力，出版好書與您結緣。

姓名：＿＿＿＿＿＿＿＿ □女 □男 生日：西元＿＿＿＿＿年

Email：＿＿＿＿＿＿＿＿＿＿＿＿＿＿＿＿＿＿＿＿

● 您從何處知道此書？

□書店 □書訊 □書評 □報紙 □廣播 □網路 □廣告 DM

□親友介紹 □橡樹林電子報 □其他＿＿＿＿＿＿

● 您以何種方式購買本書？

□誠品書店 □誠品網路書店 □金石堂書店 □金石堂網路書店

□博客來網路書店 □其他＿＿＿＿＿＿

● 您希望我們未來出版哪一種主題的書？（可複選）

□佛法生活應用 □教理 □實修法門介紹 □大師開示 □大師傳記

□佛教圖解百科 □其他＿＿＿＿＿＿

● 您對本書的建議：

＿＿＿＿＿＿＿＿＿＿＿＿＿＿＿＿＿＿＿＿＿＿＿＿

＿＿＿＿＿＿＿＿＿＿＿＿＿＿＿＿＿＿＿＿＿＿＿＿

＿＿＿＿＿＿＿＿＿＿＿＿＿＿＿＿＿＿＿＿＿＿＿＿

我已經完全了解左述內容，並同意本人資料依上述範圍內使用。

＿＿＿＿＿＿＿＿＿＿（簽名）